Album de l'exposition

CÉZANNE ET PARIS

Par Maryline Assante di Panzillo
Conservateur du patrimoine au département des peintures du Petit Palais, musée des Beaux-Arts de la Ville de Paris

ML Musée du Luxembourg Sénat
rmn Grandpalais
petitPalais Musée des Beaux-Arts de la Ville de Paris

Cet album est publié à l'occasion de l'exposition
« Cézanne et Paris »
présentée au Musée du Luxembourg, Paris (Sénat), du 12 octobre 2011 au 26 février 2012.

L'exposition est organisée par la Rmn-Grand Palais
en collaboration avec le Petit Palais, musée des Beaux-Arts de la Ville de Paris.

Liberté • Égalité • Fraternité
RÉPUBLIQUE FRANÇAISE

Ministère Culture Communication

Cette exposition bénéficie de prêts exceptionnels du musée d'Orsay.

Musée d'Orsay

Commissariat

Commissaire général

Gilles Chazal
Conservateur général du patrimoine
Directeur du Petit Palais, musée des Beaux-Arts de la Ville de Paris

Commissaires

Maryline Assante di Panzillo
Conservateur du patrimoine
Petit Palais, musée des Beaux-Arts de la Ville de Paris

Denis Coutagne
Conservateur honoraire du patrimoine
Président de la société Paul Cézanne

Couverture :
Le Quartier du Four à Auvers-sur-Oise (détail)
Vers 1873
Huile sur toile
Philadelphie, Philadelphia Museum of Art,
The Samuel S. White 3rd and Vera White Collection, 1967

254-256, rue de Bercy – 75577 Paris Cedex 12

ISBN : 978-2-7118-5876-7
EA 40 5876

Avertissement

Toutes les œuvres reproduites sans que le nom de l'artiste soit mentionné dans la légende sont de Paul Cézanne.

À la fin des légendes accompagnant les reproductions des œuvres de Cézanne, la mention NR suivie d'un numéro renvoie au catalogue raisonné des peintures (Rewald 1996), la mention R au catalogue raisonné des aquarelles (Rewald 1984), la mention CH au catalogue raisonné des dessins (Chappuis 1973), la mention Cherpin au catalogue raisonné des gravures (Cherpin 1972).

Sénat de la République française

Gérard Larcher
Président du Sénat

Roland du Luart
Vice-président du Sénat

René Garrec
Questeur du Sénat

Jean-Louis Schroedt-Girard
Directeur du cabinet du Président du Sénat

Robert Provansal
Secrétaire général de la Questure

Xavier Canchon
Directeur de l'Architecture, du Patrimoine et des Jardins

Damien Déchelette
Architecte en chef

Ville de Paris

Bertrand Delanoë
Maire de Paris

Danièle Pourtaud
Adjointe au maire, chargée du Patrimoine

Christophe Girard
Adjoint au maire chargé de la Culture

Laurence Engel
Directrice des affaires culturelles

Catherine Hubault
Sous-directrice du Patrimoine et de l'Histoire

Gilles Chazal
Directeur du Petit Palais, musée des Beaux-Arts de la Ville de Paris

Gaïta Leboissetier
Présidente de Paris-Musées

Aimée Fontaine
Directrice de Paris-Musées

Rmn-Grand Palais

Jean-Paul Cluzel
Président

Valérie Vesque-Jeancard
Directeur général délégué

Laurent Salomé
Conservateur en chef du patrimoine
Directeur scientifique

Géraldine Breuil
Administrateur du Musée du Luxembourg

Marion Mangon
Chef du département des expositions

Barbara Kroher
Chef de projet

Isabelle Mancarella
Coordinatrice du mouvement des œuvres

Pascale Sillard
Directrice de la communication

Conseil scientifique du Musée du Luxembourg :

Cristina Acidini, Marion Boudon-Machuel, Geneviève Bresc-Bautier, Thierry Crépin-Leblond, Jean-François Dubost, Thierry Dufrêne, Robert Fleck, David Gaimster, Bruno Gaudichon, Emmanuelle Héran, Dominique Jacquot, Brigitte Leal, Cécile Maisonneuve, Pierre Rosenberg, Xavier Salmon, Laurent Salomé, Béatrix Saule, Manfred Sellink, Marie-Paule Vial, Ian Wardropper.

Comité de programmation du Musée du Luxembourg :

Pierre Arizzoli-Clémentel (président), René Garrec, Roland du Luart, Daniel Ergmann (représentants du Sénat), Jean-Pierre Changeux, Michel Hochmann, Jean-Hubert Martin, Catheline Perier d'Ieteren, Jean-Louis Prat (personnalités qualifiées), Laurent Salomé (représentant de la Rmn-Grand Palais).

La scénographie a été conçue par **bGc**studio.

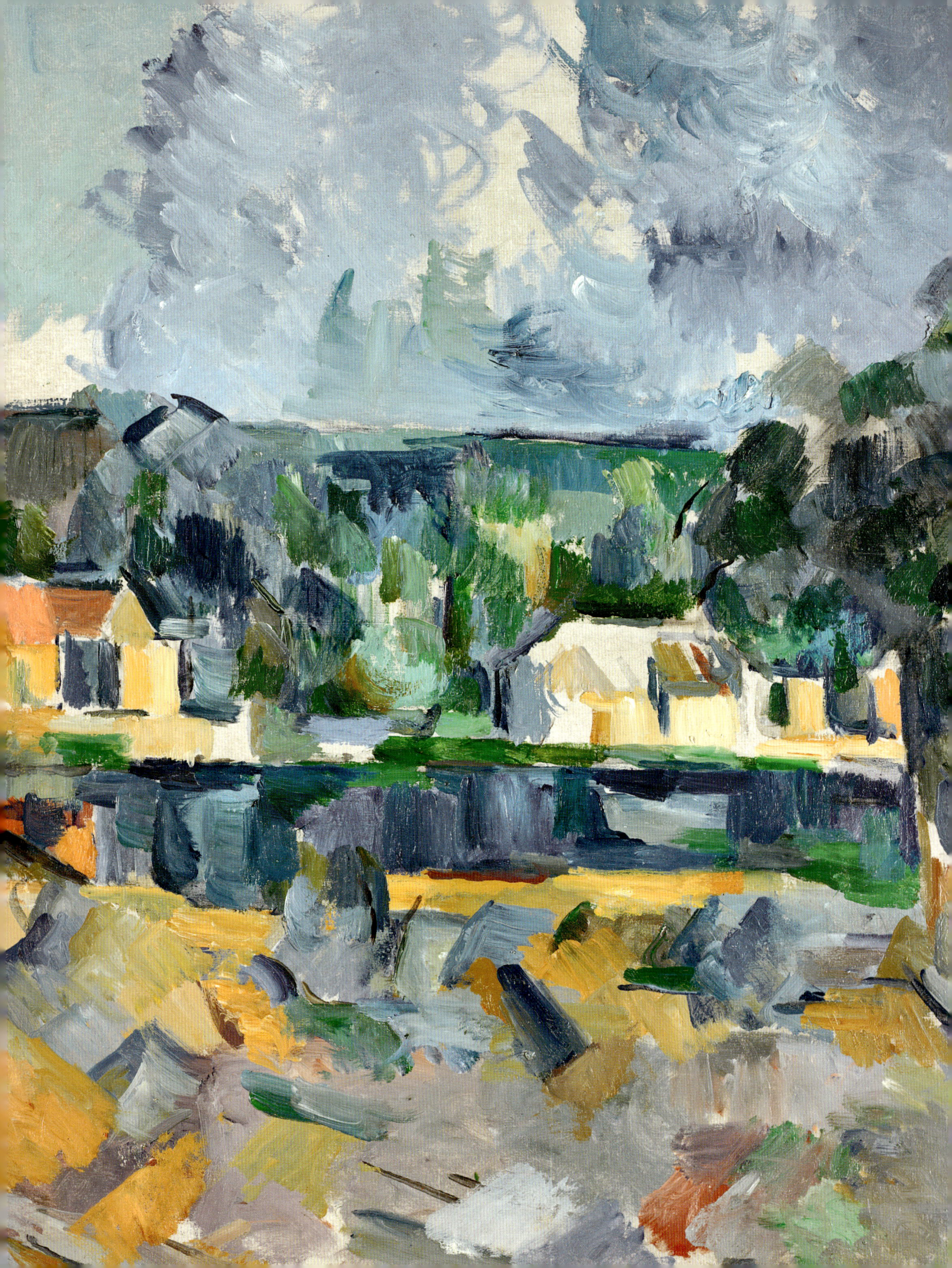

Sommaire

Bords d'une rivière
(détail)
1904-1905
Huile sur toile
60,9 × 73,6 cm
Providence, Museum of Art,
Rhode Island School of Design,
Museum Special Reserve Fund 43.255
NR 920

CÉZANNE ET ZOLA
HISTOIRE D'UNE AMITIÉ ARTISTIQUE

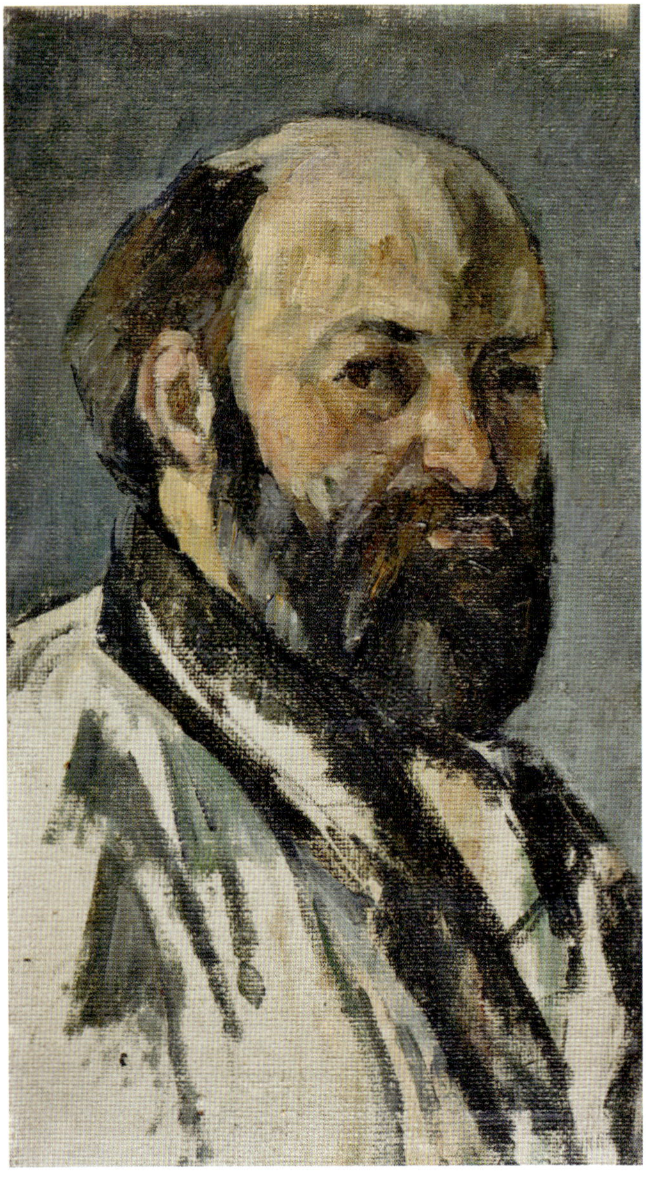

Trois adolescents échappés des murs gris du collège Bourbon, à Aix-en-Provence, escaladent les rochers du Tholonet, plongent dans l'Arc et courent la garrigue en déclamant des vers à tue-tête, ivres de nature. Nous sommes en été, en 1855 ou 1856. Paul Cézanne a dix-sept ans, Émile Zola seize ans et Baptistin Baille, futur polytechnicien, le benjamin, a quinze ans. Unis par un rêve partagé d'art et de liberté, ils se forgent leurs plus beaux souvenirs et se jurent une amitié éternelle. En janvier 1858, Émile Zola rejoint sa mère à Paris. Paul, resté à Aix, va réussir son baccalauréat et entreprendre des études de droit. Les comptoirs de la banque paternelle l'attendent. Si les alexandrins qu'il compose laborieusement ne laissent guère augurer d'un avenir d'écrivain, en revanche, il a un bon coup de crayon. Sa famille a accepté qu'il fréquente l'école municipale de dessin d'Aix-en-Provence. Les deux amis correspondent et les lettres d'Émile rappellent à Paul que la « vraie vie » est ailleurs, qu'il est un artiste en devenir et qu'il trouvera seulement dans la capitale l'émulation artistique indispensable pour progresser. Cézanne doit convaincre son père de l'autoriser à rejoindre Zola à Paris !

Fig. 1
Portrait de l'artiste
Vers 1877
Huile sur toile
25,5 × 14,3 cm
Paris, musée d'Orsay, œuvre récupérée
après la Seconde Guerre mondiale
et confiée à la garde des musées nationaux
NR 385

Le 22 avril 1861, Zola peut enfin écrire à Baille : « J'ai vu Paul !!! J'ai vu Paul, comprends-tu cela, toi ; comprends-tu toute la mélodie de ces trois mots ? » Émile et Paul continueront de se fréquenter durant vingt-cinq ans.

Assez vite, Zola se fait un nom dans les milieux littéraires et journalistiques et sa plume lui permet de vivre dans une certaine aisance. Il s'embourgeoise tandis que Cézanne, qui ne parvient à vendre aucune de ses toiles, survit grâce à la modeste pension versée par son père. Celle-ci est insuffisante pour subvenir aux besoins d'une compagne et d'un fils dont le peintre cache l'existence à ce père redouté. En ami fidèle, Zola ouvre régulièrement sa bourse.

En tant que critique d'art, l'écrivain prend le parti des artistes « réalistes », comme on appelle ceux qui deviendront les « impressionnistes », à une époque où ils sont éreintés par la presse et moqués par le public. S'il encense Manet, il prend aussi régulièrement la défense de Cézanne, certainement le plus incompris de la bande. Son *Salon* de 1866, une brochure regroupant ses articles sur le Salon parus dans la presse, est introduit par une lettre dédicace « À mon ami Paul Cézanne ». Plus tard, lors de la première exposition commune du groupe des impressionnistes, dans l'atelier du photographe Nadar, en 1874, deux toiles de Cézanne, *La Maison du pendu* (fig. 20) et *Une moderne Olympia* (fig. 24), sont la risée des critiques. Zola, qui rend compte de l'exposition pour un journal marseillais, note : « Paul Cézanne, qui lutte depuis longtemps, a un tempérament de grand peintre. » Pour comprendre la valeur de cet éloge, rappelons seulement la formule célèbre par laquelle Zola définissait l'œuvre d'art véritable, « un coin de création vu à travers un tempérament ».

Si Zola est persuadé du génie du peintre, il désespère pourtant – influencé par les moments de doute et d'incertitude dont son ami ne fait pas mystère – de le voir un jour parvenir à « réaliser », selon son expression, c'est-à-dire à exécuter enfin un chef-d'œuvre incontesté. Il aime l'homme mais ne comprend pas vraiment la démarche de l'artiste.

En 1886, l'écrivain publie le roman *L'Œuvre*, l'histoire de Claude Lantier, un peintre raté qui va d'échec en échec et finit par se suicider. Cézanne remercie, en termes courtois, de l'envoi du livre. Ensuite, jamais plus les deux hommes ne se verront ni ne s'écriront. Ce roman fut-il la cause de leur rupture ? Plutôt le point culminant d'un lent processus d'éloignement. Quoi qu'il en soit, disons-le tout net : Lantier n'est pas Cézanne. Différence de caractère d'abord ; contrairement au peintre de fiction suicidaire, lorsque Cézanne était mécontent d'une toile, il la déchirait et en commençait une autre aussitôt. De plus, si Lantier emprunte certains traits biographiques à Cézanne, son personnage est inspiré aussi de Manet, l'artiste préféré de Zola, et de Claude Monet.

En apprenant la mort de Zola, en 1902, Cézanne éclate en sanglots et s'enferme pour la journée dans son atelier, seul avec le souvenir de leur grande amitié.

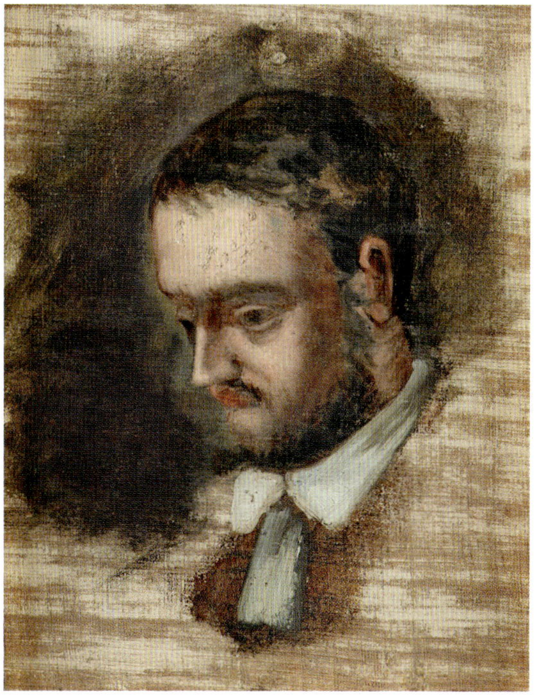

Fig. 2
Portrait d'Émile Zola
1862-1864
Huile sur toile
26 × 21 cm
Collection particulière
NR 78

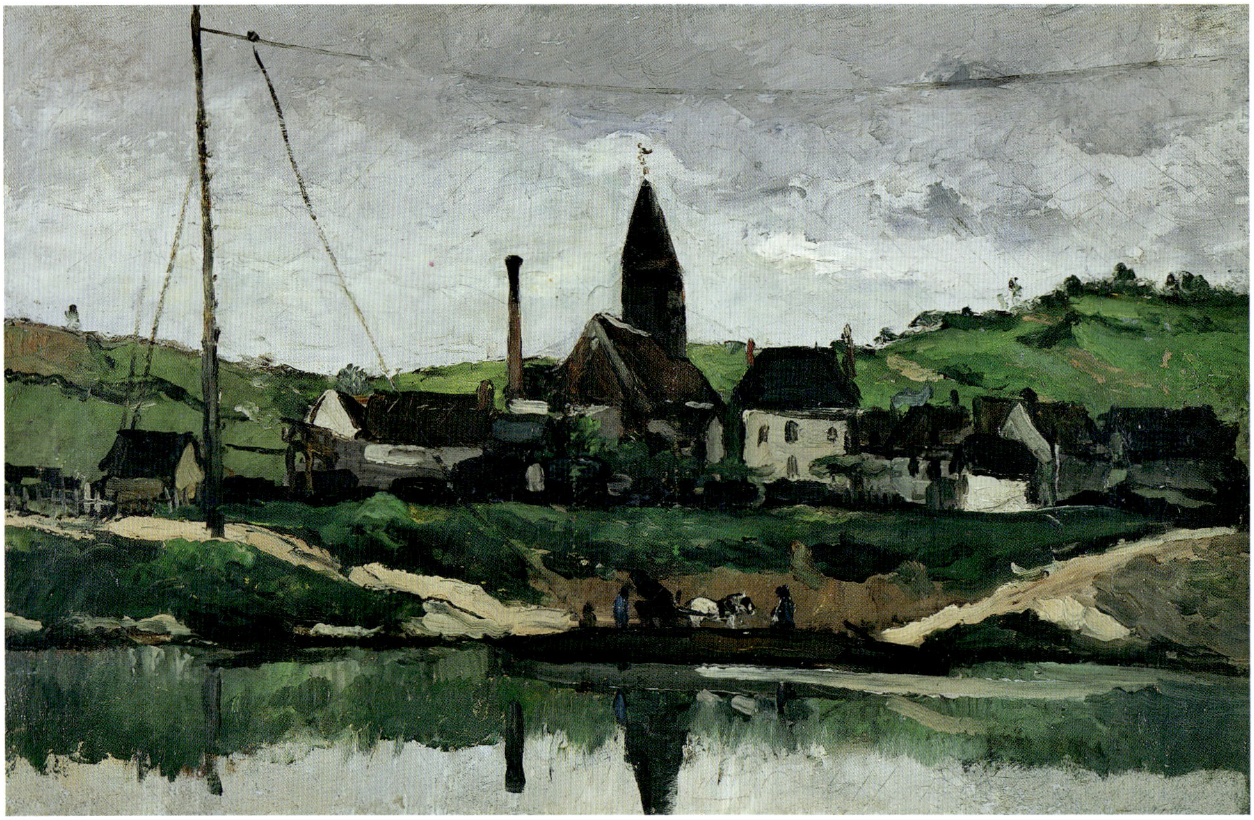

Bonnières est situé à une dizaine de kilomètres en aval de Mantes, sur la rive gauche de la Seine. Pour rejoindre les villages de Bennecourt et de Gloton, sur l'autre rive, il fallait emprunter un bac à traille suspendue.

C'est probablement le peintre Armand Guillemet, l'un de ses camarades de l'atelier Suisse, qui entraîne Cézanne en villégiature à Bennecourt. Les deux artistes y passent l'été en compagnie d'un petit groupe d'amis aixois dont Émile Zola. Cézanne s'essaie alors à la peinture en plein air. Il plante son chevalet sur la petite île de la Lorionne, en face de Bonnières, pour étudier ce bord de Seine. Le choix de ce thème aquatique est peut-être un hommage à Charles Daubigny, célèbre paysagiste de la génération précédente qui encourageait les jeunes artistes « réalistes ». Daubigny s'est fait une spécialité de l'analyse de l'eau mouvante des rivières, des jeux de lumière et des variations atmosphériques.

Au tournant des années 1860, il explorait la Seine à bord de son bateau atelier, le *Botin*, pour peindre au fil de l'eau, et avait pris l'habitude de faire relâche à Gloton. Son *Village près Bonnières*, exposé au Salon de 1863, fut largement diffusé par la gravure.

Cézanne choisit un motif proche de celui du vieux maître mais propose un traitement pictural radicalement différent. Le village de Bonnières et les cieux d'un gris sombre, inattendu au cœur de l'été, se reflètent dans une eau étale, immobile, comme celle d'un étang, sous un éclairage uniforme.

La composition est solidement construite, maçonnée par les épaisses touches de peinture appliquées au couteau à palette. Des passagers et leur carriole ont pris place dans l'embarcation. Ces touches anecdotiques sont rares dans les paysages de Cézanne. Le poteau et les fils du bac, comme la cheminée d'usine, apportent des éléments de modernité qui préfigurent les paysages industriels de la banlieue parisienne auxquels le peintre s'intéressera brièvement vers 1874, lorsqu'il travaillera aux côtés de Guillaumin à Issy-les-Moulineaux.

Le 26 juillet 1866, Zola écrit à un ami : « Il y a trois jours, j'étais encore à Bennecourt [...]. Cézanne travaille ; il s'affirme de plus en plus dans la voie originale où sa nature l'a poussé. » ■

Fig. 3
Le Bac à Bonnières (Vue de Bonnières)
Été 1866
Huile sur toile
38 × 61 cm
Aix-les-Bains, musée Faure
NR 96

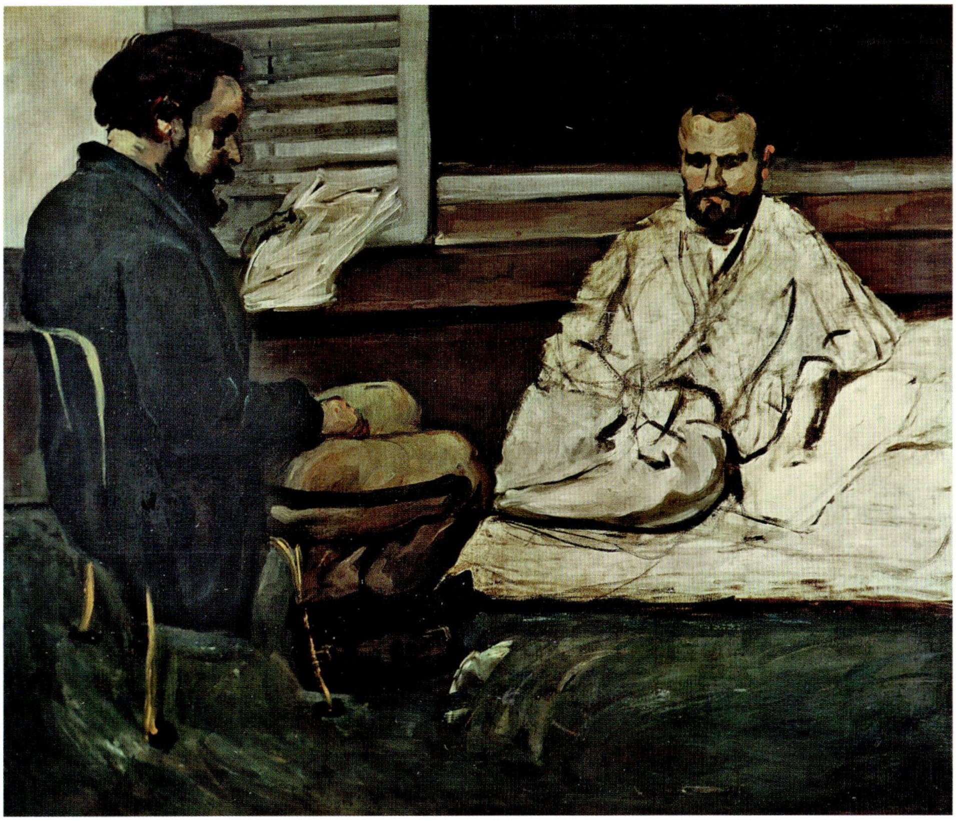

Fig. 4
Paul Alexis lisant à Émile Zola
1869-1870
Huile sur toile
130 × 160 cm
São Paulo, MASP, Museu de Arte de São Paulo Assis Chateaubriand
NR 151

Fig. 5
Édouard Manet (1832-1883)
Le Balcon
Vers 1868-1869
Huile sur toile
Paris, musée d'Orsay

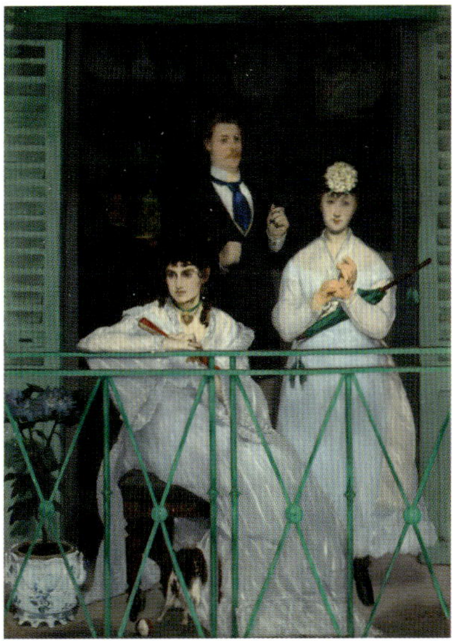

Ce tableau met en scène Zola et son secrétaire particulier, Paul Alexis, à l'automne 1869. D'une dizaine d'années plus jeune que Zola et Cézanne, Paul Alexis (1849-1901) vient d'arriver d'Aix-en-Provence avec l'ambition de mener une carrière littéraire. Zola l'y aidera en lui procurant ses premières piges dans les journaux. Paul Alexis publiera plusieurs romans « naturalistes » et participera aux célèbres soirées de Médan organisées chez Zola avec Huysmans et Maupassant. Zola habite alors au 14, rue de la Condamine, dans le quartier des Batignolles, non loin du café Guerbois où il retrouve régulièrement Renoir, Manet, Sisley, Bazille, Fantin-Latour et parfois Degas, Pissarro et Cézanne, c'est-à-dire les peintres du « groupe des Batignolles ». Son pavillon de la rue de la Condamine est « peu habitable » mais possède un jardin dont il est très fier et où il aime accueillir ses amis.
La peinture, réalisée en plein air dans ce fameux jardin, est, à n'en pas douter, une réponse amicale au *Portrait de Zola* de Manet, exécuté en 1868, et un hommage au *Balcon*, exposé par ce dernier au Salon de 1869 (fig. 5). La mise en place de la composition, le vert du volet ouvert sur l'obscurité, le blanc crémeux du costume de Zola et du sofa s'inspirent directement du tableau de Manet. À cette époque, les deux artistes se côtoient, s'apprécient et partagent l'amitié de Zola. L'écrivain voue une profonde admiration à Manet et a déjà consacré de longs articles de presse à celui dont il a immédiatement pressenti la modernité. ■

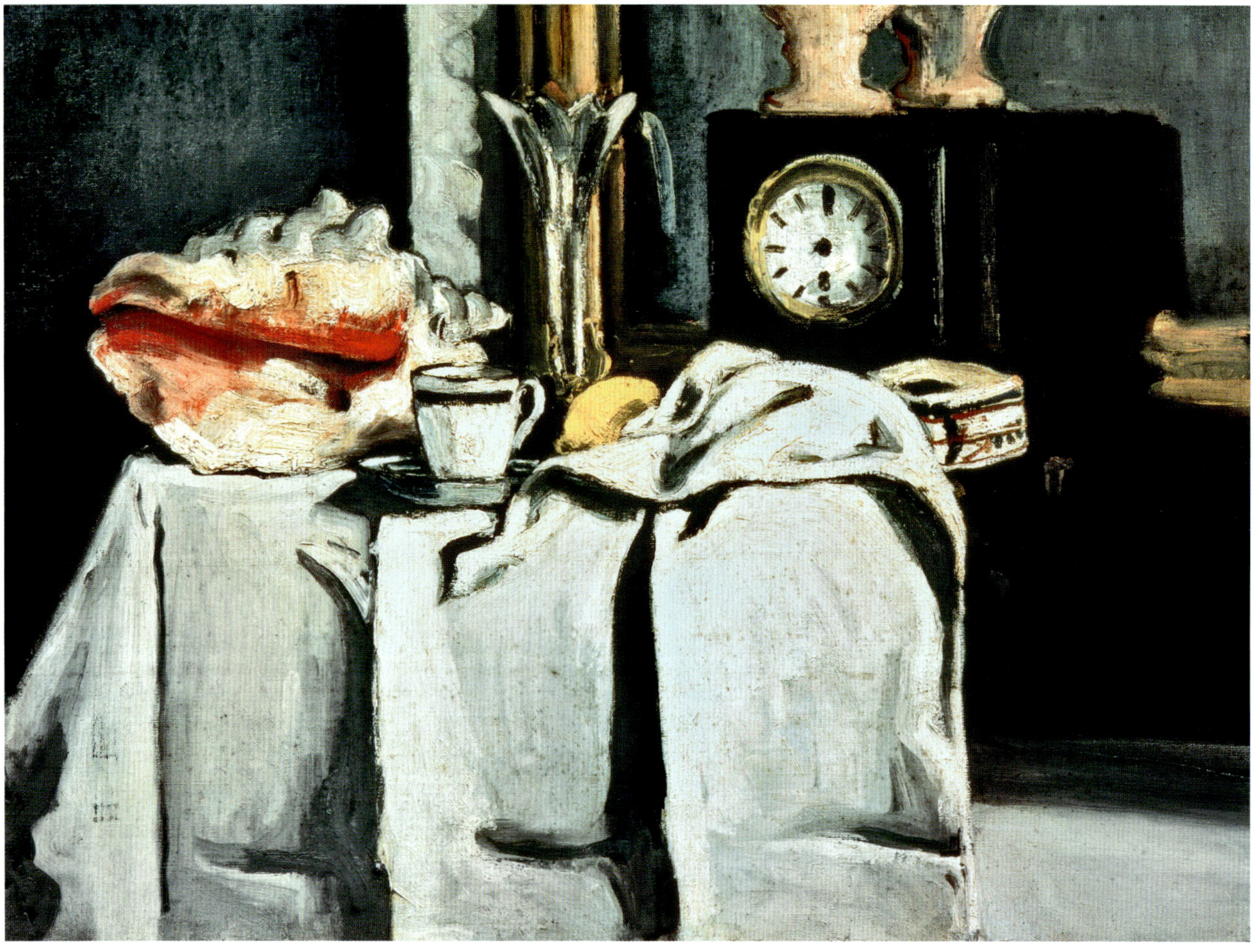

Cette grande nature morte a été peinte chez Zola, sans doute peu avant 1870. Cézanne a rassemblé les objets familiers de son ami : la pendule noire qui donne son titre au tableau et se retrouve sur une autre peinture de la même époque, *Une lecture de Paul Alexis chez Zola* (fig. 9), l'encrier de faïence provençale qui figure sur le *Portrait de Zola* par Manet, la tasse de porcelaine, le vase de cristal, le buste de terre cuite dont on aperçoit le piédouche qui se reflète dans un miroir ou le gros coquillage aux volutes baroques qui évoque les merveilles de la nature des cabinets de curiosités du XVIIe siècle. Le luxe relatif de cette accumulation, reflet d'un intérieur bourgeois, est exceptionnel parmi les natures mortes de Cézanne.
Certains commentateurs ont voulu y voir un hommage au statut social de Zola, voire un portrait symbolique : la pendule et l'encrier traduiraient le labeur quotidien acharné d'un écrivain prolifique et l'ouverture sanglante du coquillage serait une allusion à la nature efféminée de l'homme « presque hermaphrodite », notaient les Goncourt.
La palette à dominante de noir, blanc et bleu foncé avec la note acide du jaune citron se souvient de la peinture de Manet, lui-même tributaire de la leçon des natures mortes hollandaises et espagnoles du XVIIe siècle. Toutefois, l'enjeu des natures mortes « anciennes » est d'inviter à une méditation sur les vanités et le passage inexorable du temps, et de manifester le brio du peintre, son art dans le rendu illusionniste des matières différentes et de leurs reflets.
Chez Cézanne, le temps s'est arrêté lorsque l'austère pendule noire a perdu ses aiguilles. Les quatre pans de la grande serviette blanche aux plis bien marqués dessinent un jeu de lignes verticales qui répondent à celles de la pendule et du cadre doré, et contrastent avec les formes organiques du coquillage et du citron.
Tous les objets sont traités sur le même mode, d'une matière picturale épaisse, où les empâtements et les traces de pinceau restent volontairement apparents. Le tableau devient une méditation sur l'acte de peindre, sur la peinture elle-même et son éternité. ■

Fig. 6
La Pendule noire
1867-1869
Huile sur toile
54 × 74 cm
Collection particulière
NR 136

CÉZANNE ET LES MAÎTRES DE L'ACADÉMIE SUISSE AU LOUVRE

C'est à l'école de dessin d'Aix-en-Provence, sous la direction du peintre local François Gibert, que le jeune Cézanne apprend les rudiments de son art : il dessine d'après des moulages d'antiques, étudie le modèle vivant, exclusivement masculin, et commence à peindre. François Gibert, qui est aussi le directeur du musée Granet, donne des tableaux du musée à copier à ses élèves les plus avancés.

Avant l'arrivée de Cézanne à Paris, Zola établit l'emploi du temps de l'apprenti peintre : « De six heures à onze heures tu iras dans un atelier peindre d'après le modèle vivant ; tu déjeuneras, puis, de midi à quatre, tu copieras, soit au Louvre, soit au Luxembourg, le chef-d'œuvre qui te plaira. » Peu ou prou, Cézanne s'exécute. Il suit les conseils de son ami qui l'incite à se détourner des « tours de métier » et de l'enseignement académique, et s'inscrit à l'académie Suisse. Dans cet atelier dirigé par Charles Suisse, qui, dans sa jeunesse, a servi de modèle à David, dit-on, posent des modèles vivants, masculins, trois semaines par mois et féminins la quatrième semaine. Pour une somme modique, les jeunes artistes viennent y dessiner, sans professeur pour les guider. Plusieurs nus dessinés par Cézanne à l'académie Suisse sont conservés. La facture

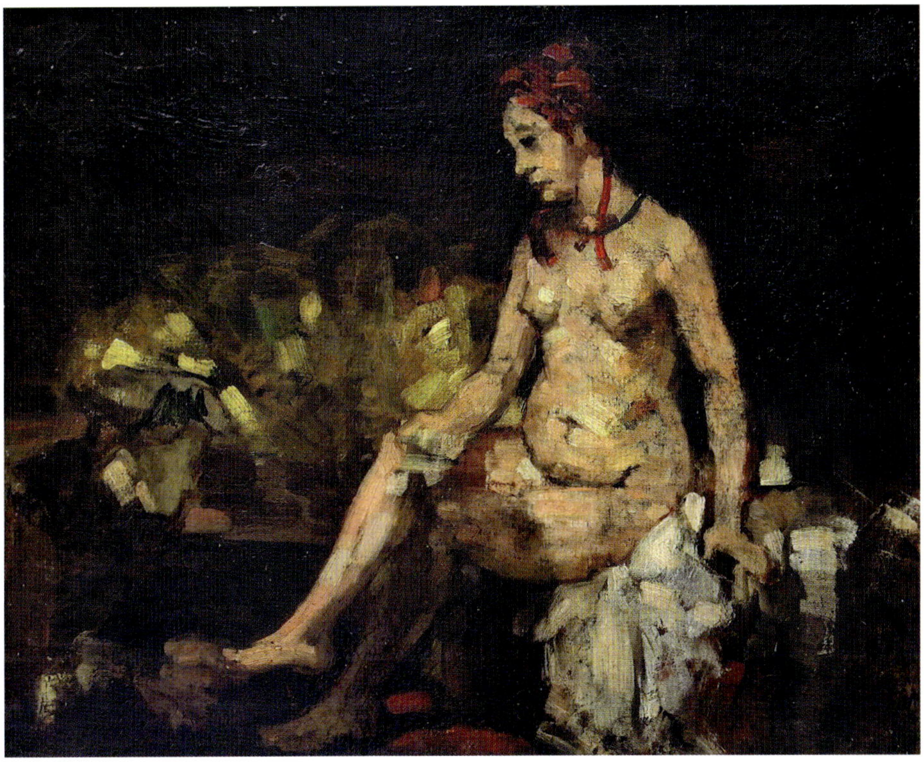

Fig. 7
Bethsabée, d'après Rembrandt
1871-1874 ? (Rewald : vers 1870)
Huile sur toile
37 × 46 cm
Collection particulière
NR 173

en est beaucoup plus libre, énergique et audacieuse que celle des académies exécutées à Aix sous la tutelle de Gibert. Cézanne noue ses premières amitiés parisiennes à l'académie Suisse où il rencontre Guillemet, Oller, Guillaumin et Pissarro. Trente ans plus tard, Pissarro se souviendra de « ce curieux provençal [dont] les figures étaient tournées en ridicule par tous les impuissants de l'école ».

L'après-midi, Cézanne est au Louvre pour étudier les maîtres anciens et parfois au musée du Luxembourg où il découvre l'œuvre de Delacroix. Le musée du Luxembourg était alors le musée national d'art moderne et accueillait les œuvres des artistes contemporains. Parmi les artistes du passé, il apprécie les coloristes vénitiens, Véronèse et Titien, les Hollandais, surtout Rembrandt, les maîtres du baroque et il regarde aussi du côté de Poussin. Il fréquente également les salles de sculpture du Louvre et le musée de Sculpture comparée du Trocadéro. Il est fasciné par les deux *Esclave* de Michel-Ange, et s'intéresse aux formes baroques des œuvres de son compatriote Puget. Ses centres d'intérêt sont très diversifiés, et sa fréquentation des musées assidue si l'on en juge par le nombre considérable d'esquisses conservées dans ses carnets. Dessiner est une étape indispensable dans le processus de création de Cézanne, à la fois pour aiguiser son regard et pour « garder la main ». Mais il est beaucoup trop indépendant, dans sa démarche artistique, pour imiter. Tout au plus reprend-il ponctuellement un mouvement ou une posture notés sur un croquis. Lorsqu'il « copie », rarement, la composition d'un maître vénéré, tels Rembrandt et Delacroix, il la réinterprète à sa manière, préoccupé non pas de traduire fidèlement le tableau admiré, mais d'exprimer sur la toile les « sensations d'art » qu'il éprouve en regardant ce chef-d'œuvre.

Cézanne continue de dessiner au Louvre à chaque fois qu'il séjourne dans la capitale, tout au long de sa vie. Lorsqu'il séjourne dans le Sud, il s'exerce d'après des gravures. On en a retrouvé dans l'atelier des Lauves un grand nombre reproduisant des peintures célèbres.

Pour mieux comprendre le rapport qu'il entretenait avec les maîtres, lisons les conseils qu'il prodiguait à un jeune artiste, quelques années avant sa mort : « Le Louvre est le livre où nous apprenons à lire. Nous ne devons cependant pas nous contenter de retenir les belles formules de nos illustres devanciers. Sortons-en pour étudier la belle nature, tâchons d'en dégager l'esprit, cherchons à nous exprimer suivant notre tempérament personnel. »

Scipion était, croit-on, un modèle réputé de l'académie Suisse où Cézanne s'exerçait à dessiner durant ses premières années parisiennes. Des esclaves noirs ou des guerriers maures figuraient souvent dans les grands tableaux de Salon orientalisants, dont ils soulignaient l'exotisme. Mais il n'y a rien d'exotique dans ce personnage assis sur un simple tabouret, sans aucun élément de décor identifiable. La posture du personnage ne correspond pas à celles adoptées par les modèles d'atelier pour faire valoir leur musculation et permettre aux jeunes artistes de réaliser des études d'anatomies. Les dimensions de la peinture interdisent à elles seules de la considérer comme une étude. L'on a pensé qu'il pouvait s'agir du seul fragment conservé d'une grande composition inachevée. Assoupi ou accablé de fatigue voire de douleur, on ne sait, le personnage s'abandonne sur un drap, ou un linceul dont la blancheur fait valoir le brun mordoré de sa carnation. Nul souci de fini ni de beauté académique dans cette toile d'où émane une énergie presque sauvage. L'artiste applique sur sa toile une pâte épaisse à longs coups de brosse qui tourbillonnent pour donner du volume aux chairs et au vêtement du personnage. Ce tableau a appartenu à Monet qui le conservait dans sa chambre à Giverny et le considérait comme « un morceau de première force ». ■

Fig. 8
Le Nègre Scipion
Vers 1867
Huile sur toile
107 × 83 cm
São Paulo, MASP, Museu de Arte de São Paulo Assis Chateaubriand
NR 120

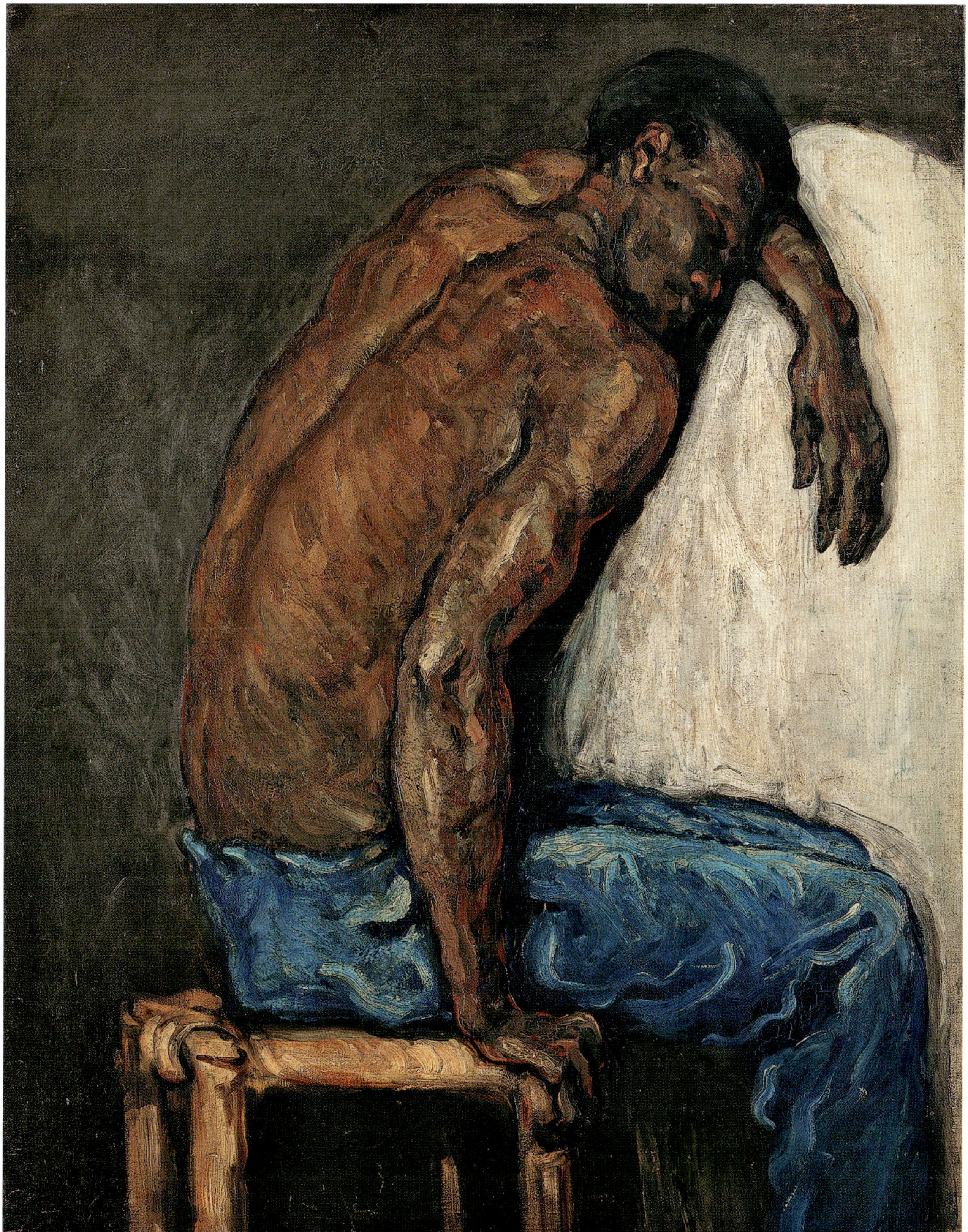

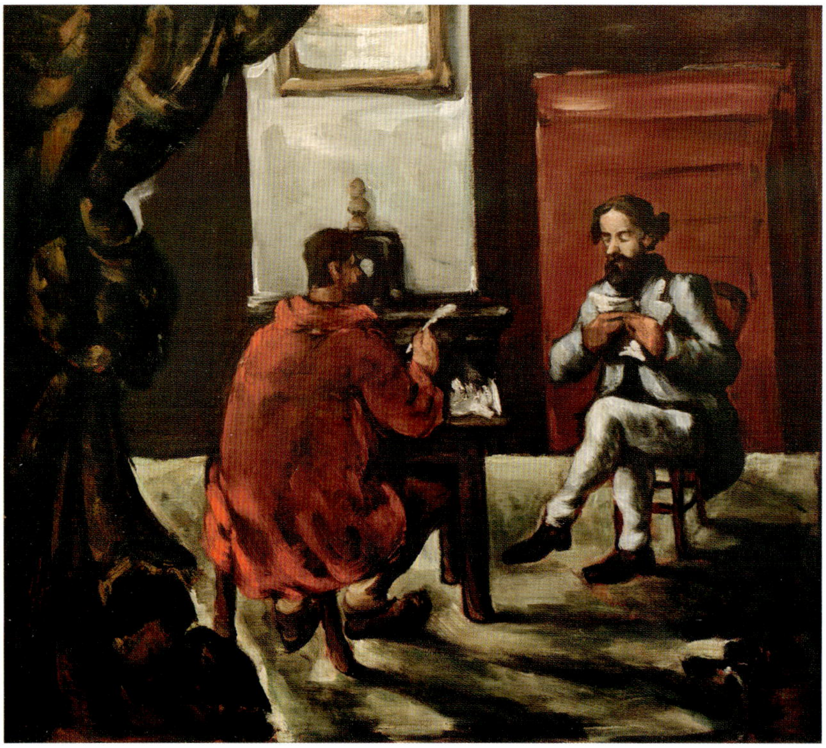

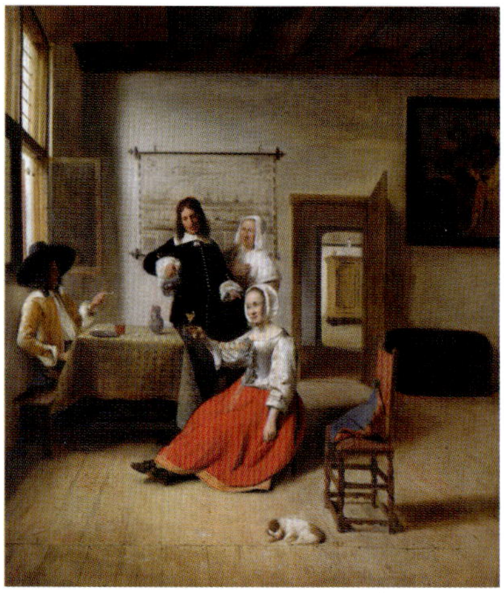

Ce petit tableau a été réalisé dans le pavillon de Zola, rue de la Condamine. Son style est si différent de celui de *Paul Alexis lisant à Émile Zola* (fig. 4) que les spécialistes ont longtemps hésité à dater les œuvres de la même année.
Cézanne s'inspire vraisemblablement des maîtres du Siècle d'or hollandais pour composer cette scène d'intérieur. Le thème du cabinet de travail est un poncif de la peinture de cette époque, immanquablement associé aux noms de Rembrandt, de Vermeer et de leurs émules. On retrouve toutes les conventions des scènes de genre de l'école hollandaise, à commencer par le lourd rideau chamarré, qui invite le regard du spectateur à entrer dans le tableau. Ici, il masque la fenêtre située à gauche qui éclaire la pièce d'une lumière directionnelle traduite par des ombres portées. Les bandes noires des huisseries, le cadre qui se détache sur le mur blanc et le secrétaire évoquent le décor des intérieurs hollandais et dessinent, à l'arrière-plan, un réseau de figures géométriques censées, par leur rétrécissement progressif, recréer la profondeur. Mais Cézanne s'affranchit allégrement des codes de la mise en perspective en disposant toutes ces lignes sur un même pan de mur qui referme l'espace. Le sol semble instable, sur le point de se dérober sous les pieds des personnages, eux-mêmes traités de manière caricaturale. Le dos de Zola se gonfle démesurément, comme un rappel des larges jupes rouges des figures féminines de Pieter de Hooch. Le tableau est brossé à larges coups de pinceaux, aux antipodes de la précision méticuleuse des maîtres hollandais. On a le sentiment que Cézanne a observé les codes de la grande peinture classique et s'amuse à les détourner.
Parodie, certes, mais sans volonté de dérision. Il faudrait plutôt parler d'une double complicité : complicité picturale avec les maîtres anciens née de la familiarité acquise au cours des visites assidues au Louvre, complicité amicale avec les deux hommes de lettres dont il décrit le quotidien studieux, sur un mode affectueusement ironique. Il offrira d'ailleurs ce tableau à Zola qui le conservera jusqu'à sa mort. ■

Fig. 9
Une lecture de Paul Alexis chez Zola
1869-1870
Huile sur toile
52 × 56 cm
Collection particulière
NR 150

Fig. 10
Pieter de Hooch (1629-1684)
La Buveuse
XVIIe siècle
Huile sur toile
Paris, musée du Louvre

Cézanne a laissé environ deux cent cinquante dessins d'après des sculptures. Sur cette feuille, l'un de ses rares croquis d'après une sculpture féminine, il reproduit un marbre grandeur nature d'Augustin Pajou (1730-1809) conservé au musée du Louvre. Cette sculpture représente Psyché, répudiée par le dieu Amour pour avoir osé le regarder pendant son sommeil, malgré l'interdiction qui lui en avait été faite. La nudité complète de la belle mortelle et son réalisme avaient fait scandale et l'œuvre, ou plus exactement son modèle en plâtre, avait dû être retirée du Salon de 1885. Cézanne le sait-il, lui dont les envois au Salon sont refusés, année après année ?
Le dessinateur ne s'est guère intéressé à l'expression du visage qu'il rejette dans l'ombre. Il a été séduit par la sensualité émanant des courbes pleines de la jeune femme et par le mouvement à peine perceptible du corps en léger déséquilibre. Derrière Psyché, d'un trait plus léger, Cézanne s'est représenté, de face, comme s'il épiait la belle éplorée. Aux pieds de Psyché, le jeune Paul s'abandonne au sommeil, figuré avec une grande douceur qui témoigne de l'affection paternelle.
Les spécialistes assurent que ces trois dessins ont été réalisés à des périodes différentes. Soit. Mais il est difficile de croire que Cézanne n'a pas voulu s'amuser en rapprochant sur une même feuille le peintre, son fils et la Sculpture. ■

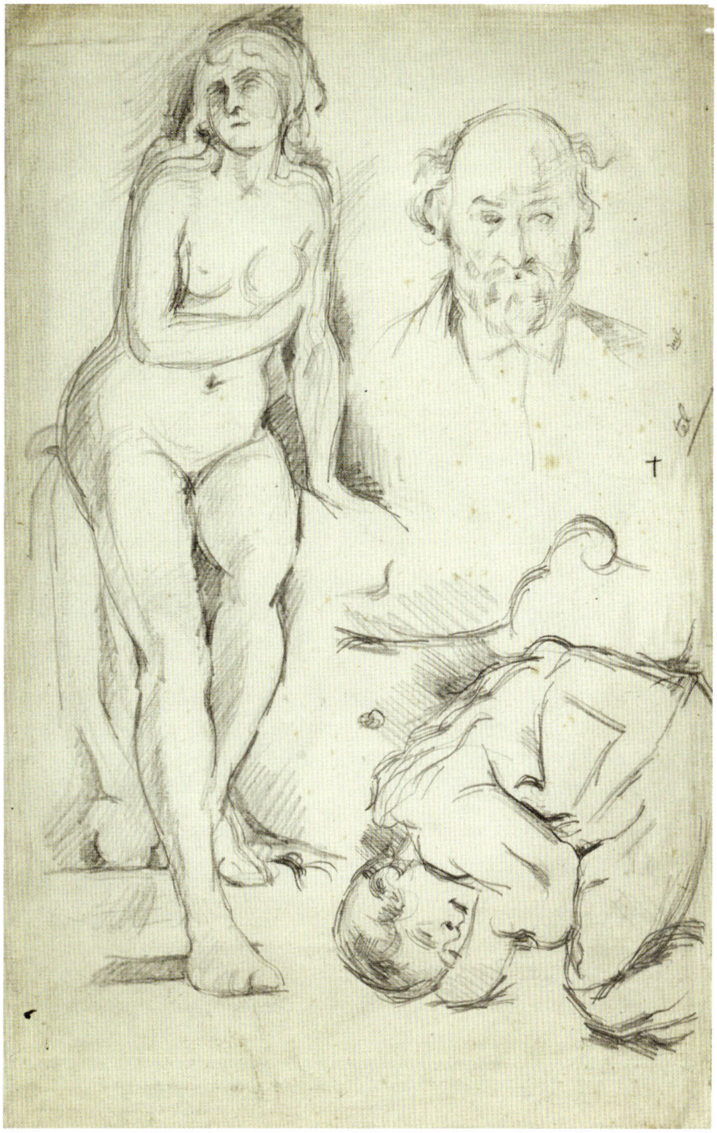

Fig. 11
Psyché abandonnée, d'après Pajou
Vers 1876, 1883 et 1885
Crayon
49,5 × 32 cm
Rotterdam, Museum Boijmans Van Beuningen
CH 363

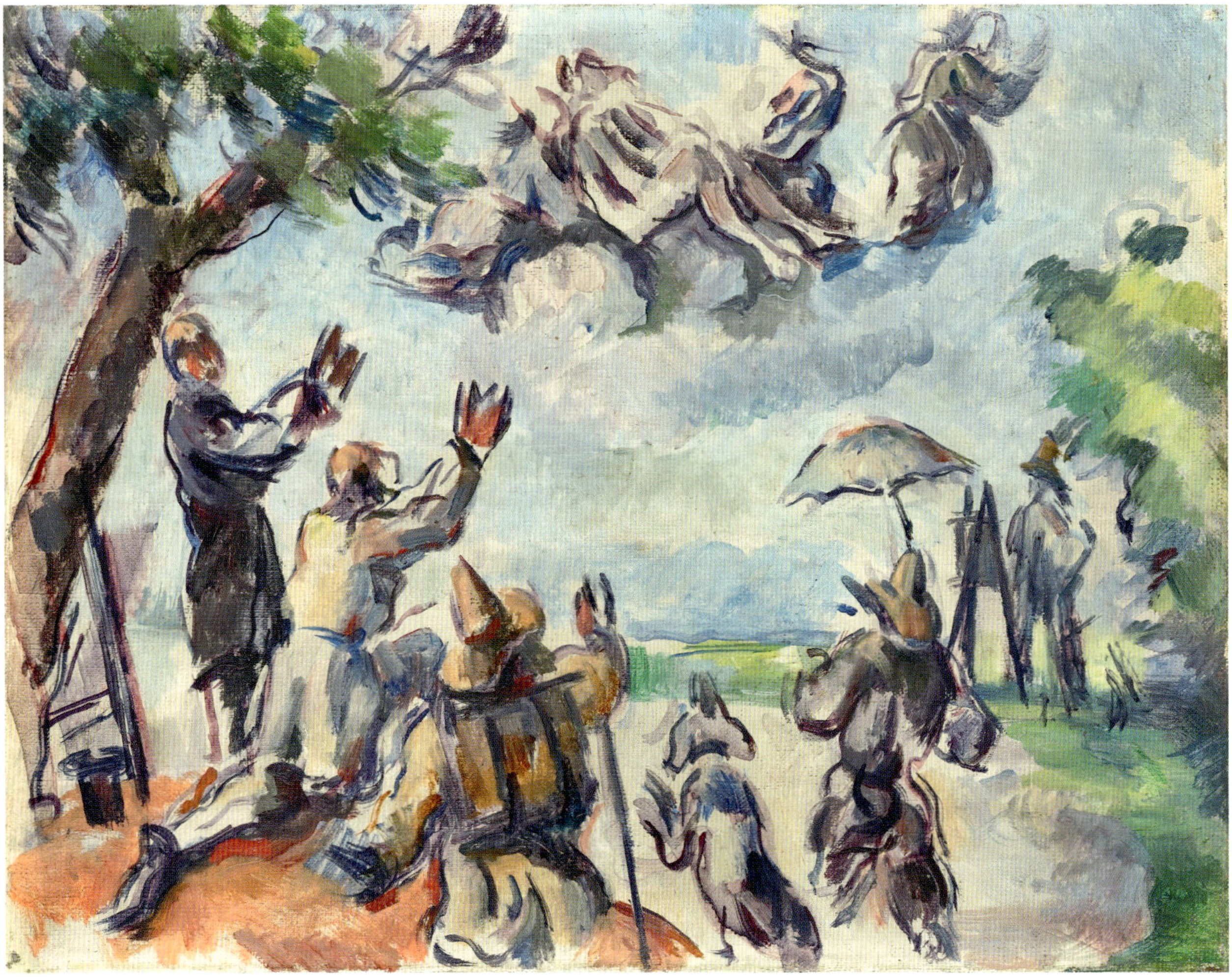

Cézanne découvre les peintures de Delacroix dès son arrivée à Paris et voue au peintre une admiration qui ne se démentira pas au cours des années. Dès 1863, il copie *La Barque de Dante* au Louvre. Alors que les romantiques sont passés de mode avec l'avènement de la peinture claire des impressionnistes, alors même que la période « romantique » de Cézanne est révolue, il va continuer, sa vie durant, de se confronter à l'œuvre du « grand Maître », comme il le nomme, couvrant ses carnets de croquis de dessins d'après tel ou tel motif de Delacroix. Cet artiste reste pour lui une figure tutélaire qu'il n'envisage pas d'imiter – du reste Cézanne n'a jamais imité personne –, mais avec l'œuvre duquel il éprouve le besoin de dialoguer avant de repartir étudier la « belle nature ». La seule œuvre d'un autre artiste qu'il ait jamais conservée est une aquarelle de Delacroix, un *Bouquet de fleurs*, confiée par son marchand Ambroise Vollard. En 1864, un an après la mort de Delacroix, Fantin-Latour a réalisé un *Hommage à Delacroix* (musée d'Orsay), réunissant hommes de lettres et artistes autour d'un portrait du maître disparu.
Vers la fin des années 1870, Cézanne conçoit le projet d'exécuter à son tour un tableau dédié à Delacroix. À l'hommage réaliste de Fantin-Latour, il substitue une vision onirique, à mi-chemin entre l'apothéose d'un empereur romain emporté par des Victoires ailées et une Assomption chrétienne. Deux anges s'élèvent vers des cieux lumineux, soutenant le corps nu du peintre. L'un d'eux porte son pinceau et sa palette. En contrebas, dans le monde réel, une théorie d'admirateurs contemple cette montée en gloire. Parmi eux, on a reconnu Pissarro devant son chevalet, Monet, coiffé d'un chapeau conique, Cézanne, appuyé sur un bâton, accompagné de son chien, et, à l'extrême gauche, debout sous un arbre, Victor Chocquet. Ce dernier n'est pas un artiste mais un grand collectionneur de Delacroix et de Cézanne. Leur passion commune pour Delacroix scella l'amitié entre les deux hommes et c'est à ce titre que Chocquet fut admis à figurer dans le cénacle des adorateurs du maître.
Des dessins préliminaires, une aquarelle et cette esquisse à l'huile sont les seuls témoignages conservés du grand projet qui ne sera jamais réalisé. Mais Cézanne y songe encore à la fin de sa vie lorsqu'il écrit à Émile Bernard, en 1904 : « Je ne sais si ma précaire santé me permettra jamais de réaliser mon rêve de faire son apothéose. » ■

Fig. 12
Apothéose de Delacroix
1890-1894
Huile sur toile
27 × 35 cm
Paris, musée d'Orsay
(dépôt à Aix-en-Provence, musée Granet)
NR 746

PEINDRE
OU NE PAS PEINDRE
PARIS

Cézanne a passé la moitié de sa vie artistique à Paris et en Île-de-France. On lui connaît une vingtaine de domiciles et d'ateliers différents dans la capitale intra-muros, plutôt sur la rive gauche, dans des quartiers populaires, durant les premières années et plutôt sur la rive droite, dans des immeubles bourgeois, lors de ses derniers séjours parisiens. Mais, étonnamment, il ne s'est jamais installé durablement dans un lieu. Chaque fois qu'il remonte d'Aix, il pose ses valises, indifféremment, dans tel ou tel logement vacant indiqué par un ami ou, plus tard, choisi par son fils. Il vit et travaille quelques mois dans ces appartements, pour l'essentiel meublés et décorés par d'autres, et repart définitivement, sans en éprouver de regrets, comme on quitte une chambre d'hôtel. Une seule adresse parisienne un peu plus stable : la rue de l'Ouest, derrière Montparnasse, où il s'installe en 1877 et reste jusqu'en 1882, changeant néanmoins d'immeuble et de trottoir dans l'intervalle puisqu'il passe du numéro 67 au numéro 32. Il y noue quelques relations avec ses voisins dont un cordonnier auquel il confie ses clefs lorsqu'il séjourne à Auvers ou à Pontoise, ou descend en Provence. Puis l'errance reprend.

« Ne crois pas que je devienne parisien... », écrit-il à un ami aixois quelques jours après sa première arrivée dans la capitale, en 1861.

« Parisien », il ne le deviendra jamais. Jamais il ne construira de liens affectifs avec une ville qui lui reste étrangère et pourtant indispensable. C'est dans ce creuset de la création

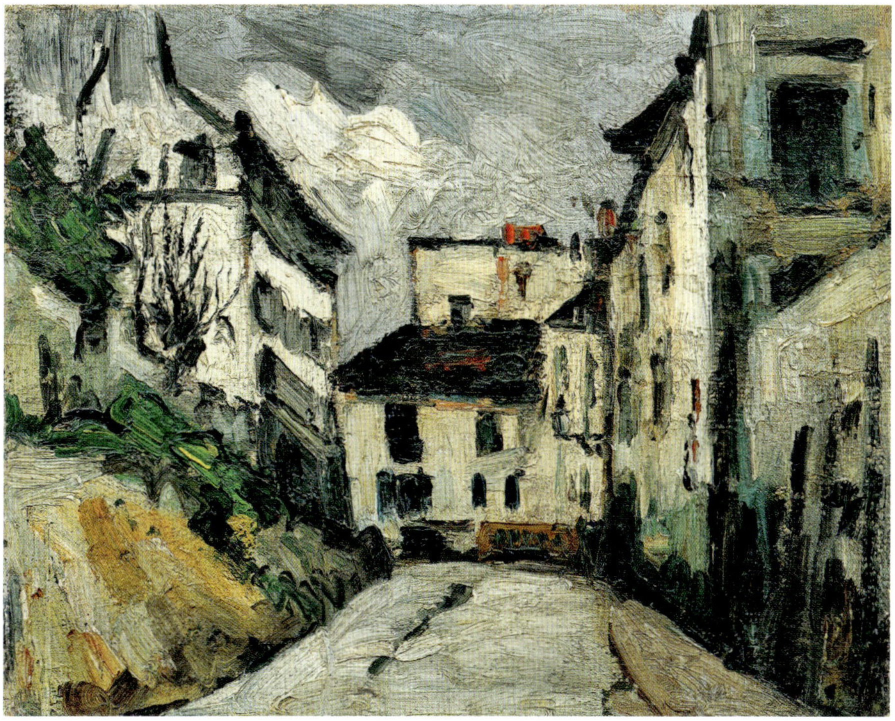

Fig. 13
La Rue des Saules à Montmartre
Vers 1873-1874
Huile sur toile
31,5 x 39,5 cm
Collection particulière
NR 131

artistique qu'il lui faut s'imposer, mais sa terre d'élection reste la Provence.

Paris est le lieu de la peinture et celui où doit se montrer « sa » peinture mais il n'en sera pas le sujet. Cézanne ne s'est jamais essayé à réaliser un « portrait » de la capitale, à choisir comme motif un lieu emblématique de la ville. La vie parisienne est un thème de prédilection des artistes d'avant-garde de sa génération, de la gare Saint-Lazare aux grands boulevards et à la butte Montmartre avec ses cafés-concerts. Dans toute sa carrière, Cézanne a exécuté cinq ou six tableaux figurant des vues de Paris, auxquels il faut ajouter quelques rares dessins et aquarelles. Mais il s'agit le plus souvent de lieux modestes et inhabités, autant de rencontres de hasard, lorsque les formes géométriques des lignes des toits, d'une rue tournant à angle droit, d'un pont, d'une rangée d'arbres retiennent son attention. Pour Cézanne, l'enjeu de la création n'est pas la modernité du sujet, mais bien les lignes et les couleurs qu'il dispose sur sa toile, soit, en un mot, la peinture.

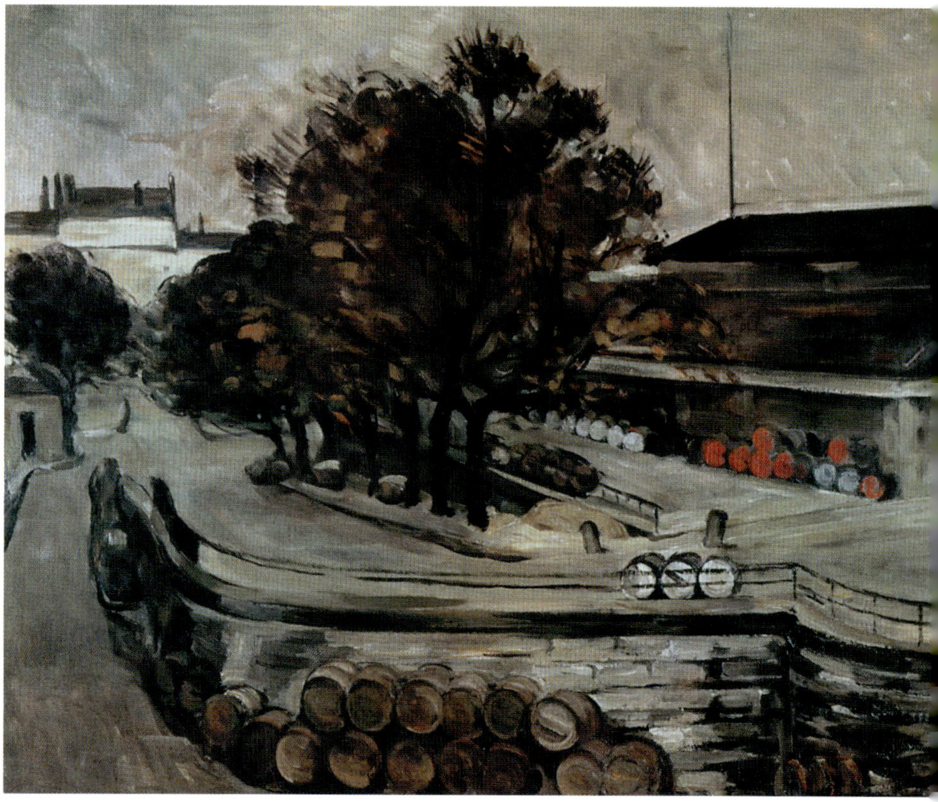

Durant l'hiver 1872, Cézanne habite rue Jussieu avec sa compagne et son fils nouveau-né. Paris est sombre qui panse ses plaies après les épreuves de la guerre, du siège et l'écrasement de la Commune dans les flammes et le sang. Cézanne, quant à lui, traverse une période difficile. Il est incertain de son talent d'artiste, n'a plus « un seul ami intelligent ou affectueux », raconte l'un de ses rares visiteurs, et la cohabitation avec un nourrisson dans un espace exigu lui pèse. La modeste pension versée par son père permet tout juste de survivre. Le peintre n'a pas les moyens de louer un atelier. Alors il travaille dans son appartement et peint ce qu'il voit de sa fenêtre du deuxième étage, c'est-à-dire la Halle aux vins située à l'emplacement actuel de l'université de Jussieu. Il s'agit d'un vaste quadrilatère d'entrepôts bordé par le quai Saint-Bernard, où les marchands de liqueurs s'approvisionnaient et payaient les droits d'octroi. Dans le quartier, l'animation est incessante et le vacarme « à réveiller les morts », paraît-il. Pourtant dans ce tableau, nulle présence humaine ou animale, pas même un oiseau dans le ciel bas. Tout est silencieux, immobile, comme figé pour l'éternité. Les quelques touches rouge sombre des tonneaux renforcent la désespérance de la palette de beige sale, de gris et de noir profond. À l'arrière-plan, on distingue les taches blanches des immeubles du quai de Béthune, mais un bosquet d'arbres noirs, au centre exact de la composition, interdit l'accès à cet au-delà plus lumineux. Sans aucune référence historique ou anecdotique, Cézanne exprime, avec les seuls moyens de sa peinture, le drame dont se relève à peine Paris et son mal-être personnel. ■

Fig. 14
La Halle aux vins
1872
Huile sur toile
73 x 92 cm
Portland, Portland Art Museum
NR 179

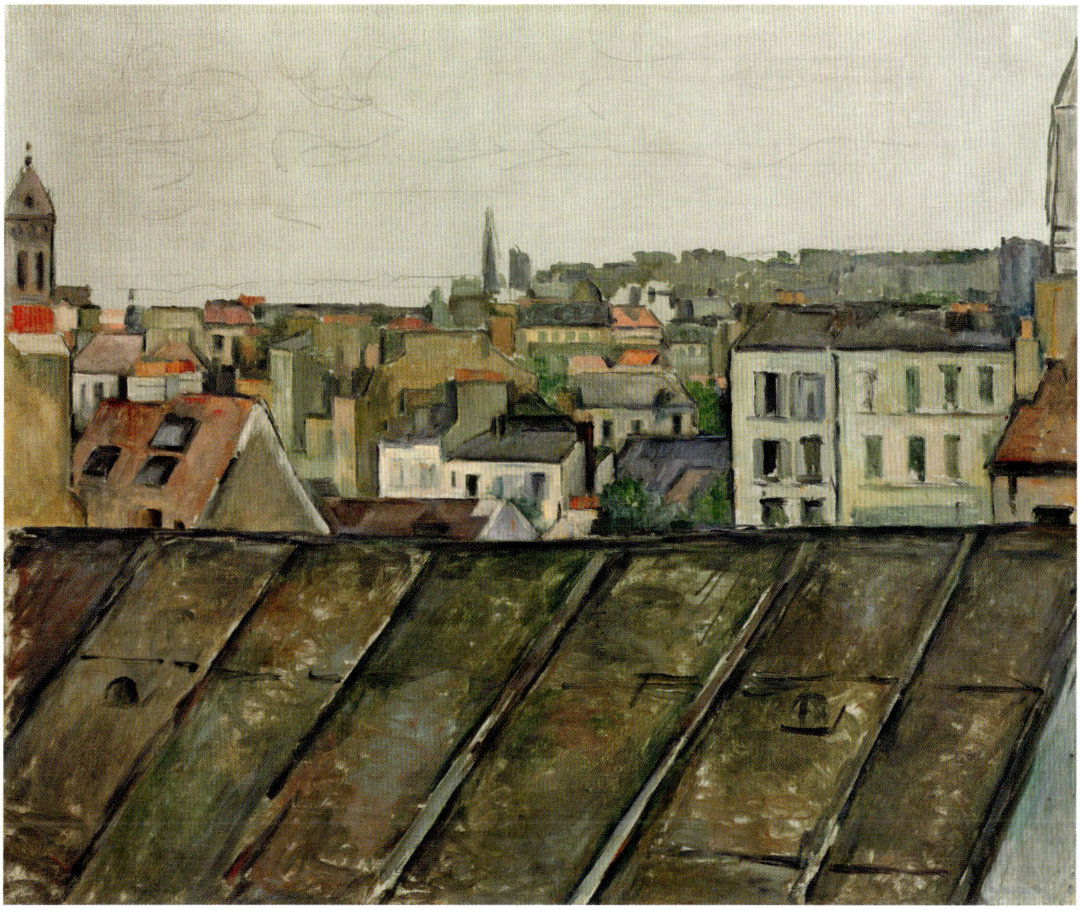

En avril 1880, Cézanne s'installe dans un appartement situé au cinquième étage du 32, rue de l'Ouest, derrière Montparnasse. Dans ce petit trois pièces, il peint des natures mortes sur fond de papier peint et des portraits de sa compagne, Hortense Fiquet. Peut-être éprouve-t-il le besoin de s'aérer et, faute de pouvoir s'éloigner de Paris, décide-t-il de peindre le paysage qui s'offre à lui vers l'est, depuis sa fenêtre.
À l'époque, ce quartier hors les murs a encore des airs de banlieue tranquille. Deux clochers encadrent le panorama urbain. Sur la droite, on reconnaît le profil clair de Saint-Pierre de Montrouge, une église neuve, toute proche, dont la construction s'est achevée en 1872. À gauche, un peu plus éloignée, voici Notre-Dame-des-Champs, puis, au centre, d'autres flèches d'églises difficilement identifiables dans le lointain et, plus près, quelques arbres du cimetière Montparnasse. Aucun monument emblématique de la capitale : ce n'est pas le propos de Cézanne.
De fait, le motif principal du tableau est un toit de zinc qui s'étend tout au long de la composition et occupe près de la moitié de la toile. Les jointures des plaques forment des bourrelets obliques qui rompent la monotonie et accentuent la perspective, creusant l'espace qui sépare le regard des maisons du second plan. Cette zone habitée se colore de tonalités plus lumineuses, murs blancs des immeubles dont les volets ouverts laissent supposer une présence humaine, tuiles ocre, touches de vert de la végétation. L'animation de la cité est comme mise à distance, hors de portée, loin au-delà d'une barrière infranchissable derrière laquelle l'artiste est seul avec sa peinture.
La partie supérieure du tableau n'est pas peinte mais seulement recouverte d'une préparation grisée où la ligne d'horizon et les contours des nuages sont esquissés de quelques traits de crayon. À cette étape du travail, l'artiste a abandonné sa toile, comme il en a laissé bien d'autres. Ces tableaux « non finis » ont fait couler beaucoup d'encre. Cézanne était-il mécontent du résultat ? Au contraire, pensait-il que l'œuvre avait trouvé son équilibre et que rajouter d'autres touches de pigments en perturberait l'harmonie ? Peut-être envisageait-il de reprendre le travail plus tard.
Une chose est certaine : le peintre quitte Paris au début de l'été 1882 et n'aura plus jamais l'occasion de poser son chevalet face aux toits du quartier de la rue de l'Ouest. Son absence de la capitale va durer six ans. Lorsqu'il revient en 1888, c'est pour s'installer sur les rives de la Seine, quai d'Anjou. ■

Fig. 15
Les Toits de Paris
Vers 1882
Huile sur toile
59,7 x 73 cm
Collection particulière
NR 503

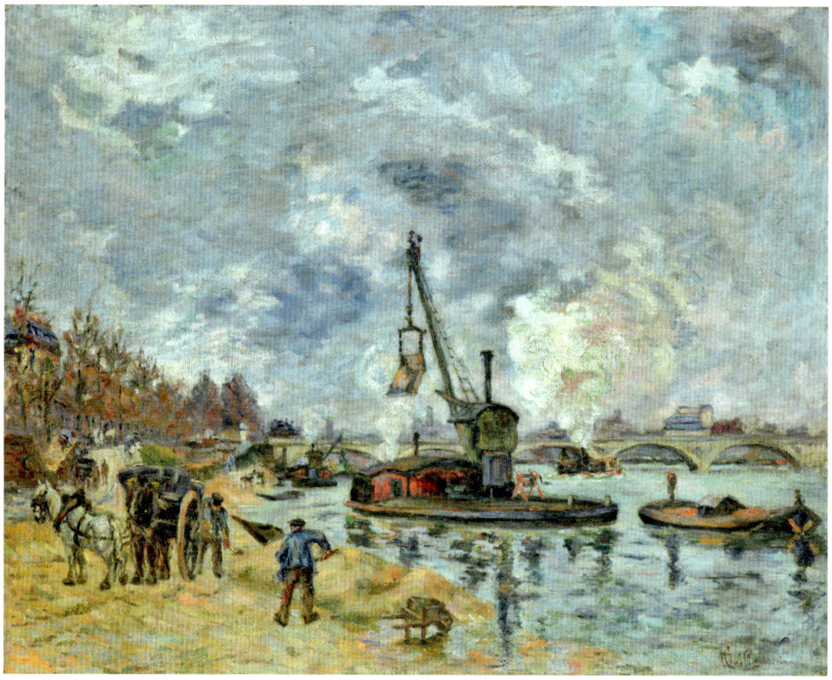

Fig. 16
Armand Guillaumin (1841-1927)
Quai de Bercy à Paris
Vers 1876-1878
Huile sur toile
60 × 80 cm
Hambourg, Kunsthalle

Si l'amitié artistique entre Cézanne et Pissarro est bien connue, on sait moins que, jusqu'à la fin des années 1870, Cézanne fréquentait beaucoup Guillaumin qu'il avait connu à l'académie Suisse.
Les trois hommes se retrouvèrent à Auvers et à Pontoise en 1874 et continuèrent à se voir ensuite à Paris à la faveur de la préparation des premières expositions impressionnistes.
Cézanne et Guillaumin partageaient un intérêt pour les paysages industriels, animés de cheminées d'usines, de voies de chemins de fer, voire d'ouvriers ou de débardeurs. La représentation des zones suburbaines qui ne cessaient de s'étendre autour de Paris était considérée par les peintres de la nouvelle école « réaliste » comme un gage de modernité. Le *Quai de Bercy* (fig. 16) illustre bien ce thème, appliqué à un paysage fluvial. Sans doute Cézanne, séduit par ce tableau, demanda-t-il à Guillaumin de le lui prêter pour qu'il en exécute une copie.
Le rapprochement des deux toiles fait immédiatement apparaître leurs divergences formelles. Dans le droit fil de l'impressionnisme, Guillaumin enrobe son paysage d'une lumière qui l'unifie, travaille à petites touches rapides, légères, dans une palette de couleurs douces qui se fondent et s'adoucissent encore dans les lointains vaporeux. Cézanne simplifie les détails, accentue les lignes du pont et des péniches pour architecturer la composition, applique des touches juxtaposées très visibles, obliques dans le ciel et en pavés pour la Seine et la berge au premier plan, ose des aplats de couleurs pures, rouge, vert et bleu profond.
À la délicatesse de Guillaumin, Cézanne répond par l'énergie. Il ne copie pas, au sens strict, il interprète, s'efforçant très volontairement d'appliquer au motif emprunté à son ami la nouvelle manière dite « constructive » qu'il est en train d'élaborer.
Guillaumin continuera à explorer le thème des paysages industriels tandis que Cézanne s'en détournera, plus attentif à l'intérêt pictural d'un sujet qu'à sa signification. Pour lui, la vraie modernité ne réside pas dans le choix du sujet mais dans sa représentation. ■

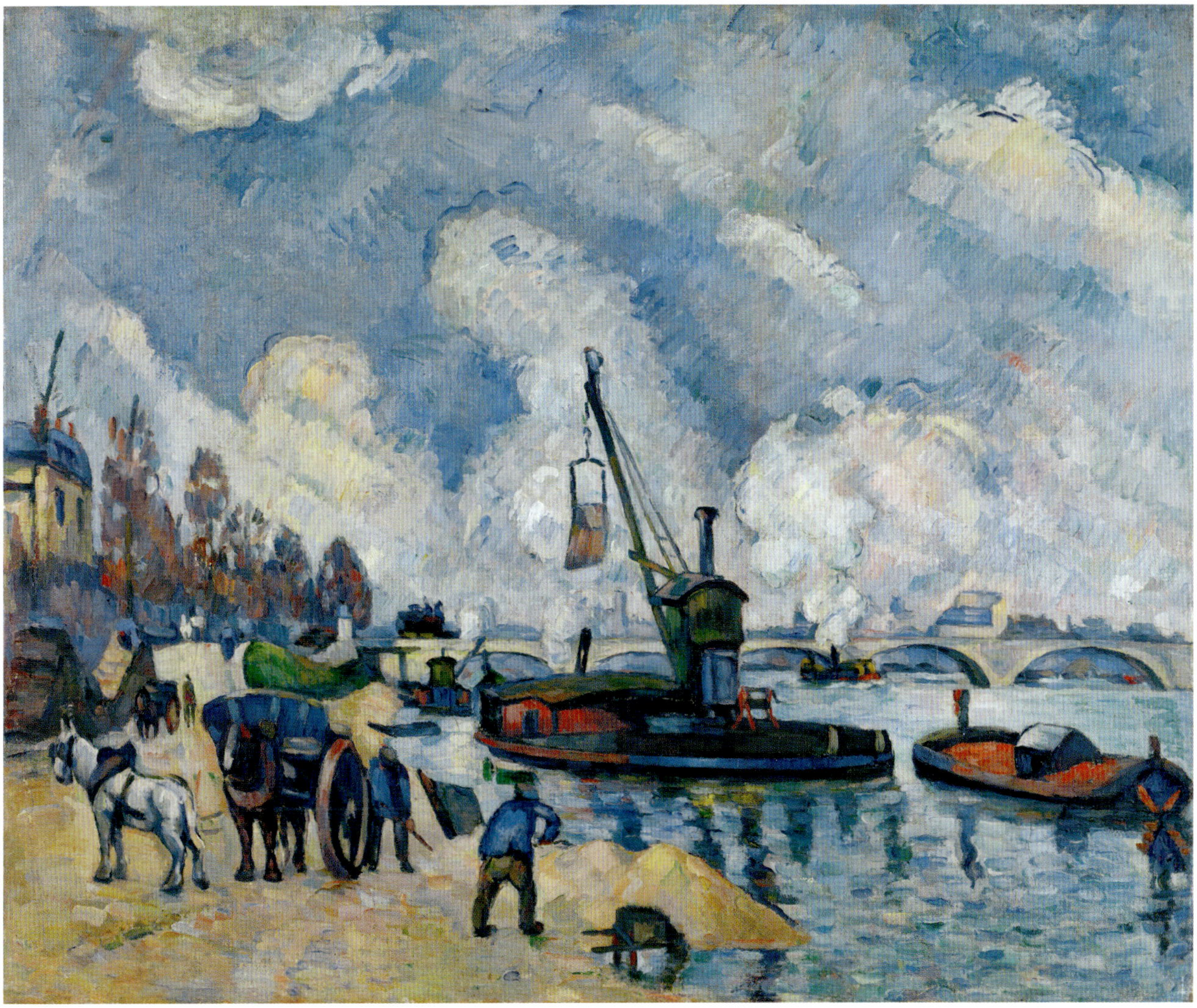

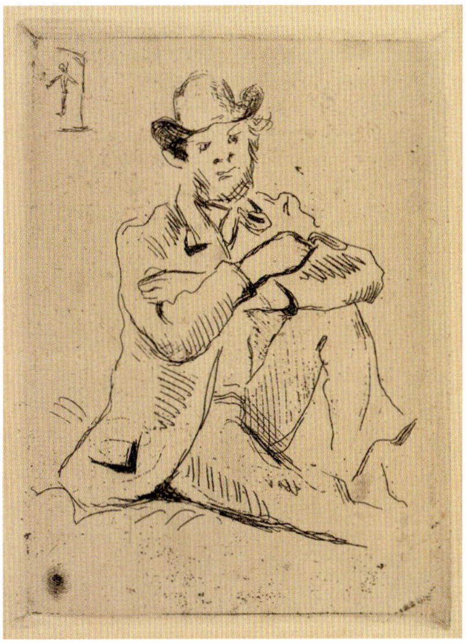

Fig. 17
La Seine à Bercy
D'après Guillaumin
Vers 1876-1878
Huile sur toile
59 × 72 cm
Hambourg, Kunsthalle
NR 293

Fig. 18
Portrait du peintre A. Guillaumin au pendu
1873
Eau-forte
15,6 × 11,8 cm
Aix-en-Provence, musée Granet,
Communauté du Pays d'Aix
Cherpin 2

SORTIR DE PARIS
DU CÔTÉ D'AUVERS, PONTOISE ET MELUN

De retour à Paris après la guerre franco-prussienne, Cézanne traverse une période de crise : doutes sur son travail d'artiste, isolement sur le plan amical, difficultés à assumer la charge morale et financière d'une famille dont il cache l'existence à son père. Le salut va venir de Pissarro. De dix ans son aîné, ce compagnon fidèle, rencontré à l'académie Suisse, le presse de le rejoindre à Pontoise à la belle saison pour travailler avec lui en plein air. Cézanne, Hortense Fiquet et le petit Paul passent l'été 1872 dans une auberge de Saint-Ouen-l'Aumône, à côté de Pontoise. À l'automne, ils louent une petite maison à Auvers-sur-Oise où ils vont séjourner jusqu'au début de l'année 1874.

Par l'intermédiaire de Pissarro, Cézanne fait la connaissance du docteur Gachet, amateur d'art, collectionneur et graveur. Guillaumin, installé à Issy-les-Moulineaux, les rejoint parfois. Entre les quatre hommes s'instaure une atmosphère de camaraderie et d'émulation. Dès que le temps le permet, ils partent travailler ensemble « sur le motif » et, les mauvais jours, ils se retrouvent chez Gachet pour exécuter leurs portraits croisés, ou s'initier à la gravure à l'eau-forte (fig. 18). Cézanne s'exerce à réinterpréter des tableaux exécutés par Pissarro et Guillaumin. Cette communauté artistique est exceptionnelle dans la carrière d'un artiste qualifié de « solitaire ».

Commence alors ce que l'on a appelé par la suite la « décennie impressionniste » de Cézanne. L'artiste abandonne la manière âpre et sombre de ses débuts. L'étude de la « belle nature » prend une place centrale dans ses recherches. Il s'intéresse aux variations tonales induites par la lumière, à la transcription sur la toile de l'illusion perspective, expérimente des formules pour traduire l'espace et l'air qui circule autour des objets. Il travaille non plus par larges aplats mais par petites touches de couleurs différentes juxtaposées puis superposées à mesure que la toile se charge de matière picturale.

En 1895, lorsque Pissarro visitera la première exposition personnelle de Cézanne dans la galerie d'Ambroise Vollard, il évoquera la parenté de leurs paysages d'Auvers et de Pontoise, en précisant que chacun gardait « sa sensation », c'est-à-dire son tempérament. Effectivement, quand les peintres posent leur chevalet devant le même paysage, Pissarro s'attache à analyser la variété des contrastes et l'infinie diversité des tons tandis que Cézanne construit, architecture sa composition. Un paysan qui les observait travaillant côte à côte dans la campagne aurait dit que le premier « piquait » tandis que le second « plaquait ».

C'est sur les berges de l'Oise que Cézanne s'initie véritablement à la peinture de plein air. Les hameaux noyés dans la verdure, les doux reliefs des collines, les cieux changeants reflétés dans les eaux mouvantes de la rivière, l'humidité omniprésente, le silence enfin, lui apportent un apaisement déterminant pour l'évolution de sa création. Il reprendra ensuite en Provence les formules nouvelles apprises en Île-de-France.

Après 1874, Cézanne reviendra ponctuellement du côté d'Auvers et effectuera un second séjour de six mois à Pontoise en 1881. Il passera aussi une année entière à Melun en 1879-1880. Il s'éloigne alors de l'impressionnisme et des compagnons de cette époque pour reprendre sa route artistique solitaire.

Fig. 19
Paysage des bords de l'Oise
1873-1874
Huile sur toile
73,5 × 93 cm
Monaco, Palais Princier
NR 224

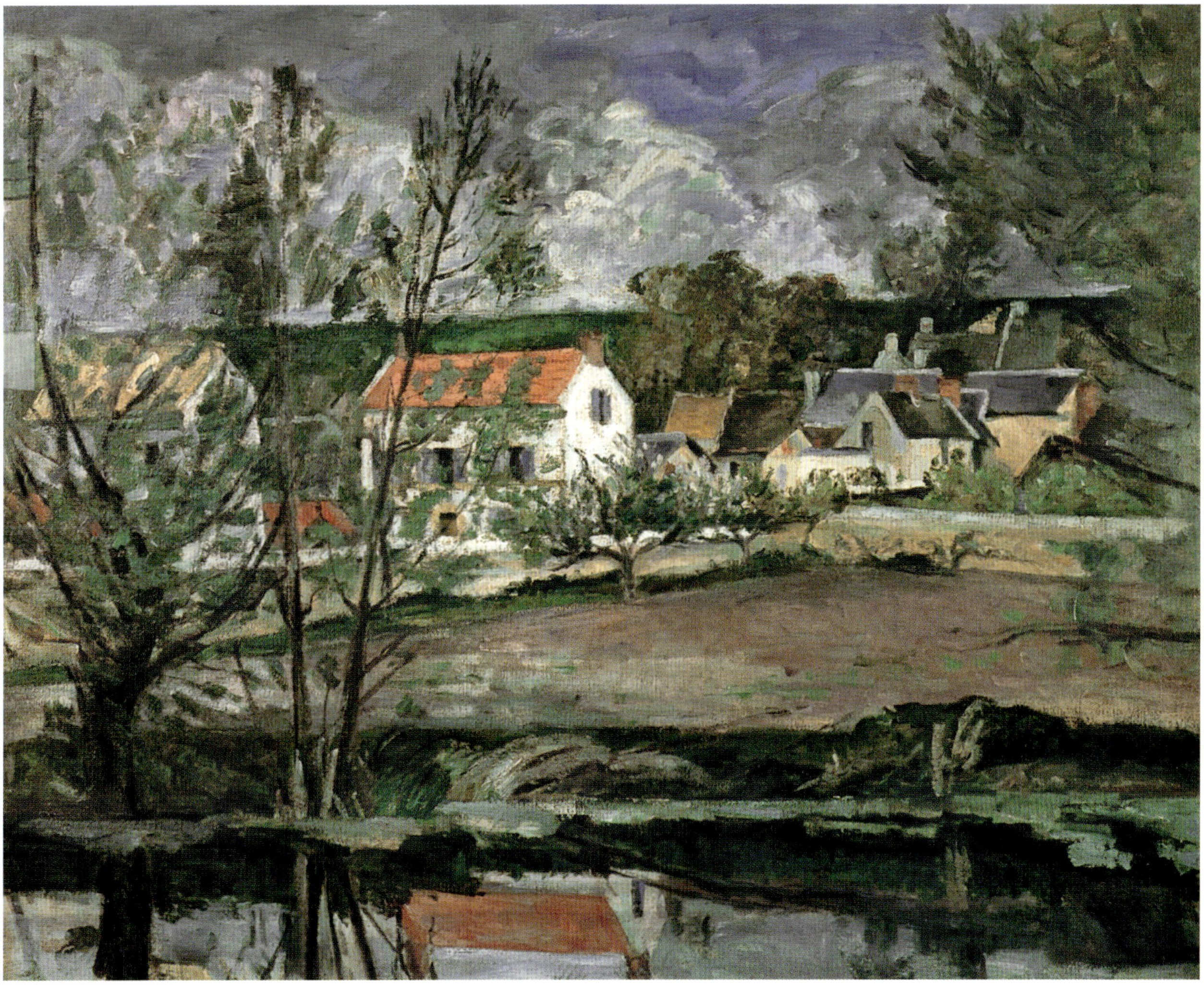

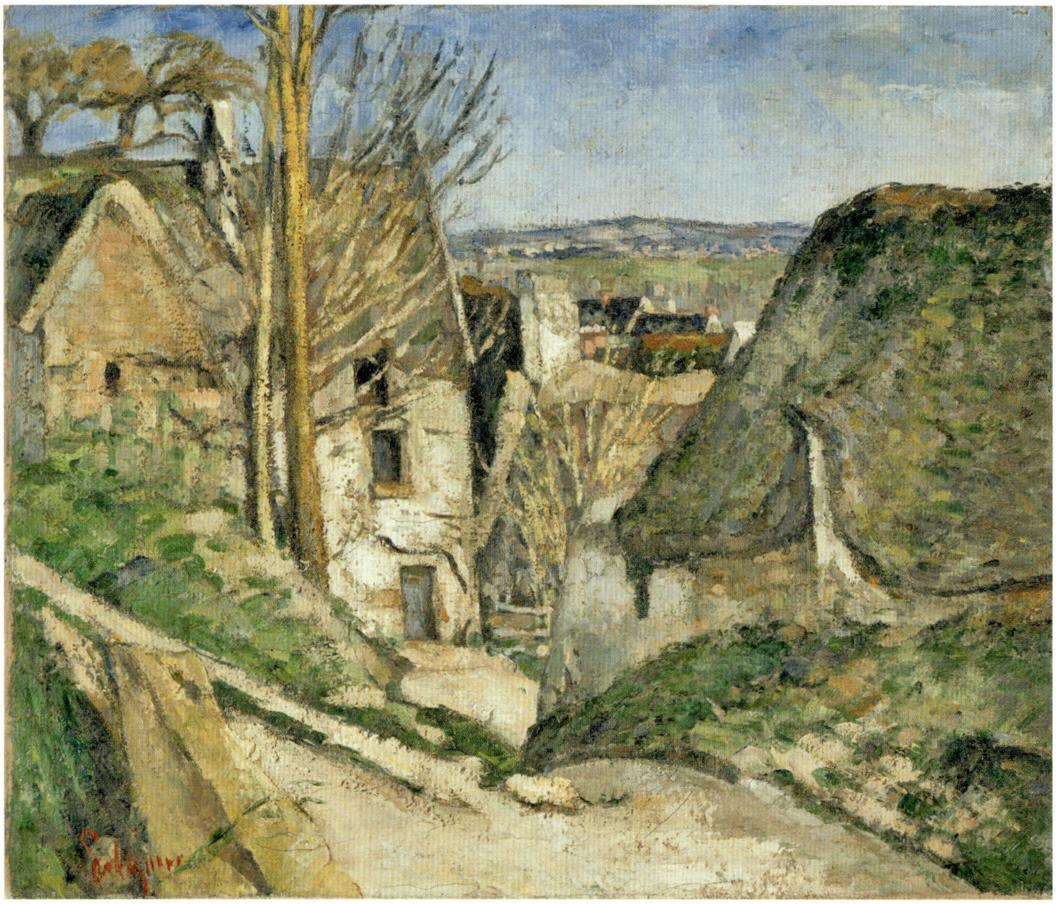

Cézanne, le plus souvent mécontent de son travail, était assez satisfait de ce tableau pour que ce dernier figurât à l'exposition de la Société anonyme des peintres, sculpteurs, graveurs, etc. organisée en 1874, à l'instigation de Pissarro et de Monet, dans l'atelier prêté par le photographe Nadar, boulevard des Capucines. *La Maison du pendu* est nommément moquée par Maurice Leroy dans *Le Charivari*. Le critique d'art tourne aussi en dérision *Impression, soleil levant* de Monet et forge le mot « impressionnisme ». Les artistes du groupe adoptent le terme. La toile de Cézanne, à présent considérée comme le chef-d'œuvre de sa période « impressionniste », est achetée par un riche propriétaire terrien, le comte Doria. Pour la première fois, Cézanne trouve un amateur audacieux disposé à dépenser quelques centaines de francs pour acquérir l'une de ses œuvres.

Le tableau passe ensuite dans la collection de Victor Chocquet puis dans celle d'Isaac de Camondo. Il sera de nouveau exposé, à la demande expresse de son auteur, pour l'Exposition universelle de 1889, dans le cadre de l'exposition centennale de l'Art français, puis en 1890, à Bruxelles, à l'exposition des XX.

Cézanne exécute cette toile durant l'année passée à Auvers-sur-Oise, en 1873. C'est l'époque où il éclaircit sa palette, se met à l'écoute de la nature et adopte, dans une certaine mesure, la touche fractionnée de Pissarro. Mais, à la différence des impressionnistes qui s'efforcent de saisir l'instant et le mouvement, il cherche dans la nature une permanence exprimée par des formes géométriques stables tels les triangles imbriqués qui organisent cette composition. Ce tableau a été longuement travaillé. L'artiste a appliqué des couches successives de peinture sur sa toile pour souligner les volumes, s'attachant particulièrement à préciser les lignes des arbres et les arêtes des constructions si surchargées de matière picturale qu'elles apparaissent en relief lorsque l'on examine la toile sous une lumière rasante.

Cézanne a installé son chevalet en haut de la rue du Four, à une croisée de chemins qui occupe le premier plan. Les vieilles bâtisses semblent abandonnées depuis longtemps. La chaumière se confond avec le terrain dont elle émerge. Nulle présence humaine, aucune anecdote. Toutefois, les toits colorés, au second plan, indiquent qu'un village vit en contrebas de la route descendante, et la ligne des collines prolonge la perspective, sous un ciel lumineux. Cette formule rappelle celle de *La Halle aux vins* (fig. 14), mais traduit un sentiment opposé. Le paysage parisien de 1872 se referme pour dire une période de désespérance, tandis que cette vue d'Auvers s'ouvre comme pour signifier un moment de respiration dans la vie de l'artiste. ■

Fig. 20
La Maison du pendu, Auvers-sur-Oise
Vers 1873
Huile sur toile
55 × 66 cm
Paris, musée d'Orsay,
legs du comte Isaac de Camondo, 1911
NR 202

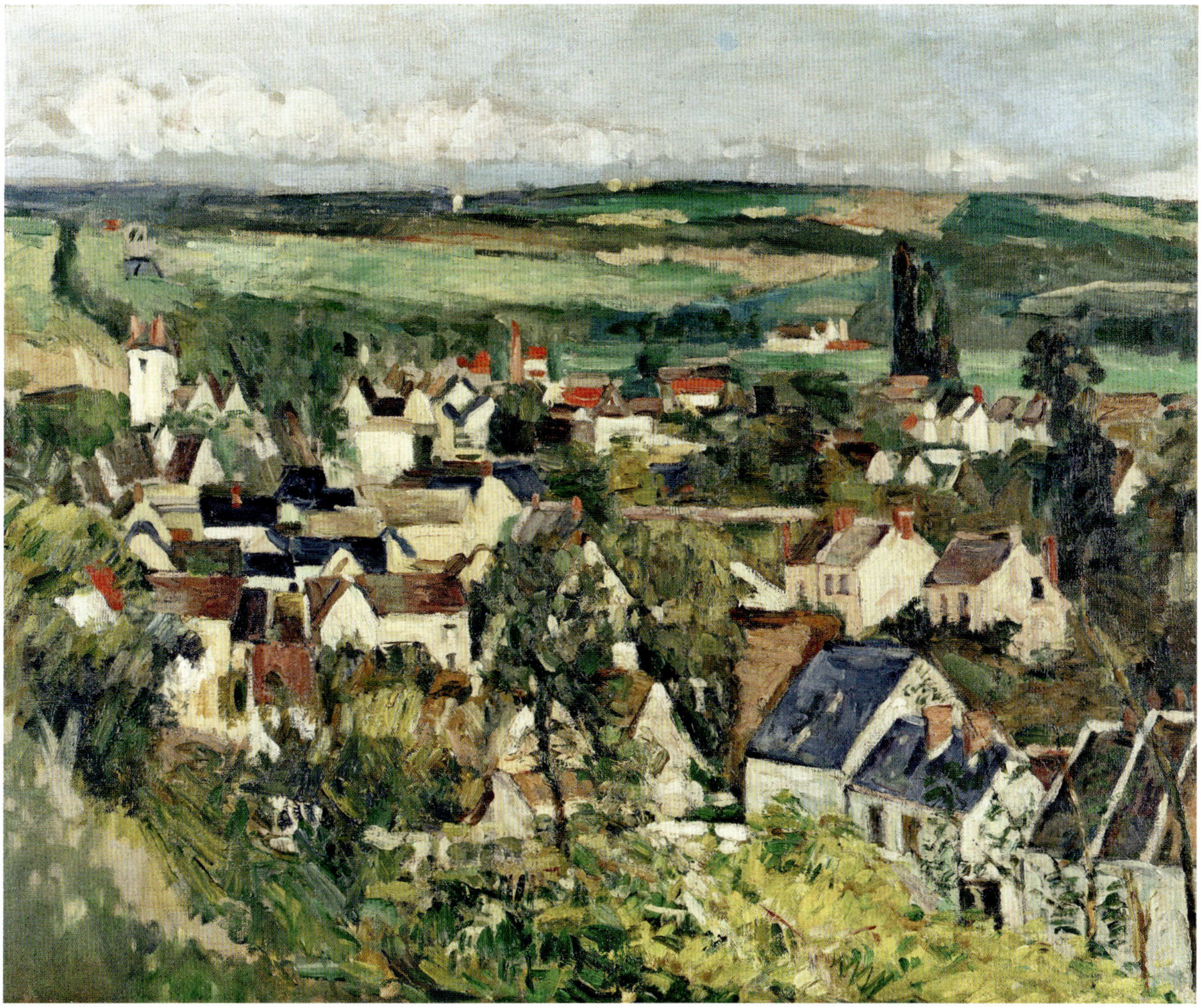

Ce paysage est l'une des premières vues panoramiques de Cézanne, réalisée, comme *La Maison du pendu* (fig. 20), lors de son séjour à Auvers-sur-Oise en 1873.
À son arrivée à Auvers, Cézanne est accueilli par le docteur Gachet, le médecin homéopathe de la famille Pissarro. Paul Gachet est un passionné d'art moderne autour duquel va s'agréger la petite colonie de jeunes artistes qui fréquentent le village. Lui-même peintre amateur, il n'aime rien tant que battre la campagne avec ses amis à la recherche d'un site pittoresque où poser son chevalet pour travailler sur le motif. Peut-être a-t-il fait découvrir à Cézanne ce point de vue spectaculaire, situé non loin de chez lui, et l'a-t-il incité à s'essayer à le peindre. Pissarro pratique déjà ces vues à vol d'oiseau, empruntées aux paysagistes hollandais du Siècle d'or, depuis quelques années.
Cézanne s'est donc installé en haut du chemin qui conduit du village aux champs, sur le plateau. De là, le promeneur domine la vallée de l'Oise. On reconnaît les quartiers du Four et des Vessenots, la maison du docteur Gachet, isolée sur la gauche, avec une tour blanche dotée d'une seule fenêtre, et devant elle, un peu à droite, la maison du pendu.
Notre regard est arrêté par les bords de la toile qui coupent arbitrairement les groupes de maisons mais on a le sentiment que ce paysage pourrait s'étendre à l'infini.
La composition est ordonnée en bandes successives : au premier plan les herbes folles des talus, puis les masses disparates des maisons noyées dans la verdure, animées par les aplats des toitures, au loin les prairies et les courbes douces des collines, enfin le ciel surplombant.
Ce tableau n'est pas achevé. Il a été peint rapidement d'une matière lisse, légère. Sans doute l'artiste envisageait-il de reprendre sa toile pour la recouvrir de couches de peinture successives jusqu'à parvenir à la densité de *La Maison du pendu*. Peut-être en a-t-il été dissuadé par Paul Gachet qui appréciait les esquisses et se désolait de voir Cézanne « gâcher » ses tableaux à trop vouloir les retravailler.
Cézanne réalisera ensuite nombre de vues surplombantes à l'Estaque puis devant la montagne Sainte-Victoire, reprenant une formule initiée en Île-de-France. ■

Fig. 21
Vue panoramique d'Auvers-sur-Oise
1873-1874
Huile sur toile
65,2 × 81,3 cm
Chicago, The Art Institute of Chicago
NR 221

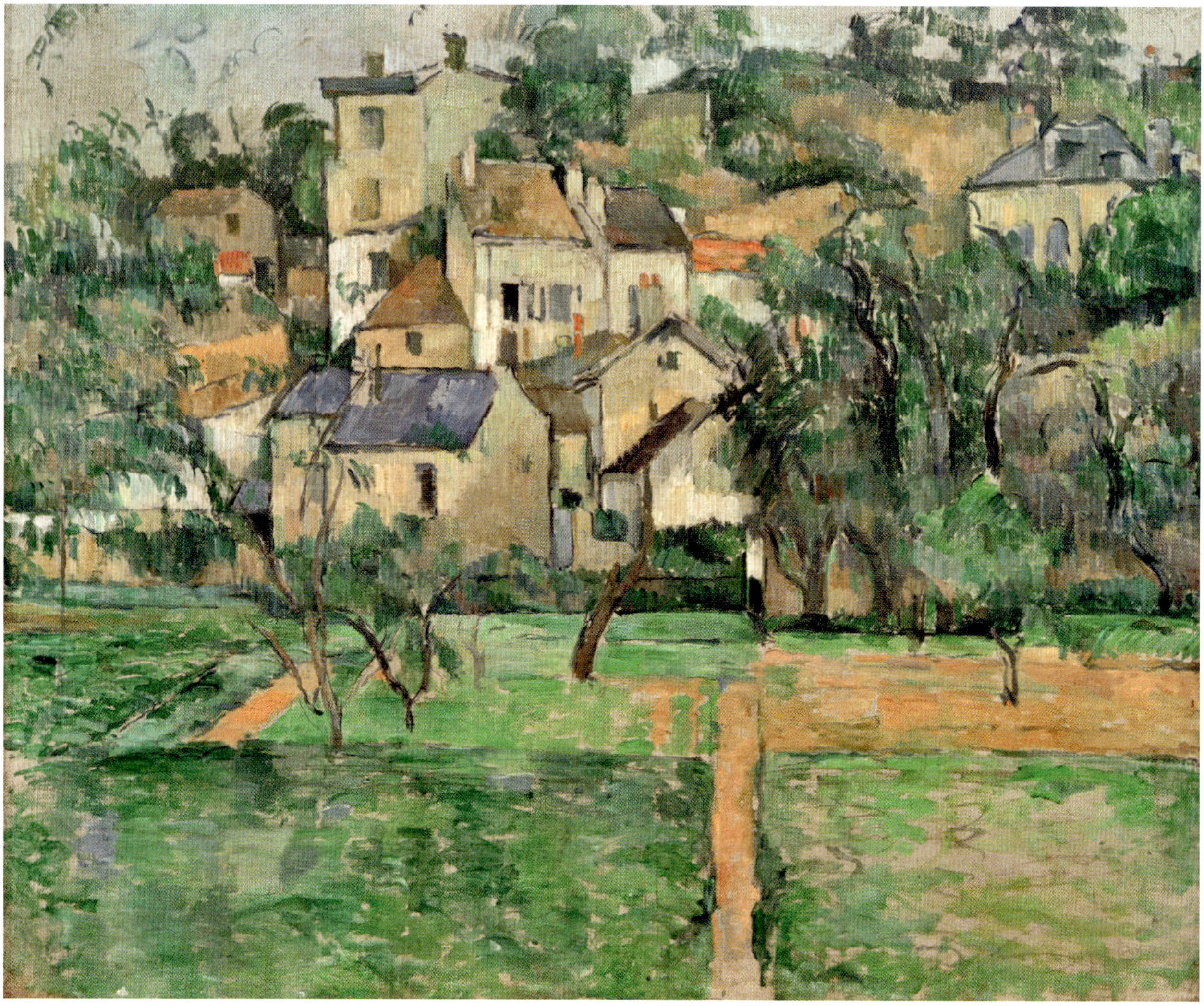

Cézanne quitte Auvers-sur-Oise au début de l'année 1874, mais son amitié artistique avec Pissarro perdure jusqu'en 1882 et, durant ces années de collaboration, il rend souvent visite à son aîné.
L'exposition « Cézanne et Pissarro » organisée en 2006 au musée d'Orsay a rapproché les tableaux réalisés par les deux artistes sur le même motif et mis en évidence leur influence réciproque et leurs divergences formelles. Celles-ci s'accroissent à mesure que Cézanne prend ses distances avec l'impressionnisme, tout en gardant certains principes du mouvement, comme le travail en plein air ou l'étude de l'influence de la lumière sur la couleur.
De mai à octobre 1881, Cézanne loue une maison quai de Ponthuis, à Pontoise, d'où il peut aller à pied chez son ami qui habite dans le quartier de l'Ermitage.
Harmonieux et équilibrés, les paysages réalisés cet été-là attestent de la maturité artistique de Cézanne qui a trouvé sa voie personnelle.
Ici, il a posé son chevalet dans le verger de Pissarro, face aux maisons étroites aux toits pentus qui s'élèvent sur la colline.
Au premier plan, une étendue de végétation vert et jaune est peinte à larges touches dispersées. Quelques notes de bleu rappellent le ciel qui semble se refléter dans l'herbe. Les coups de brosse sont appliqués horizontalement dans la partie plate du paysage alors qu'ils sont verticaux lorsque l'on escalade la colline.
Ces touches directionnelles suffisent à ordonner les plans dans l'espace.
Cézanne n'utilise plus les règles traditionnelles de la perspective linéaire encore employées dans la *Vue panoramique d'Auvers* (fig. 21). Les lignes architectoniques des maisons dominent, prennent le pas sur les lignes plus souples des arbres. Cézanne définit la nature à partir de formes géométriques : on a parlé à ce propos d'une « géométrisation du paysage ».
Le tableau est exécuté sans superposition de pigments. La légèreté de la matière picturale préserve le sentiment de spontanéité. Lorsqu'il quitte Pontoise à la fin de l'été, le peintre laisse la toile chez Pissarro.
Il reviendra à Pontoise plus tard, mais ne la retouchera pas. ■

Fig. 22
L'Ermitage à Pontoise
1881
Huile sur toile
46,5 × 56 cm
Wuppertal, Von der Heydt-Museum
NR 484

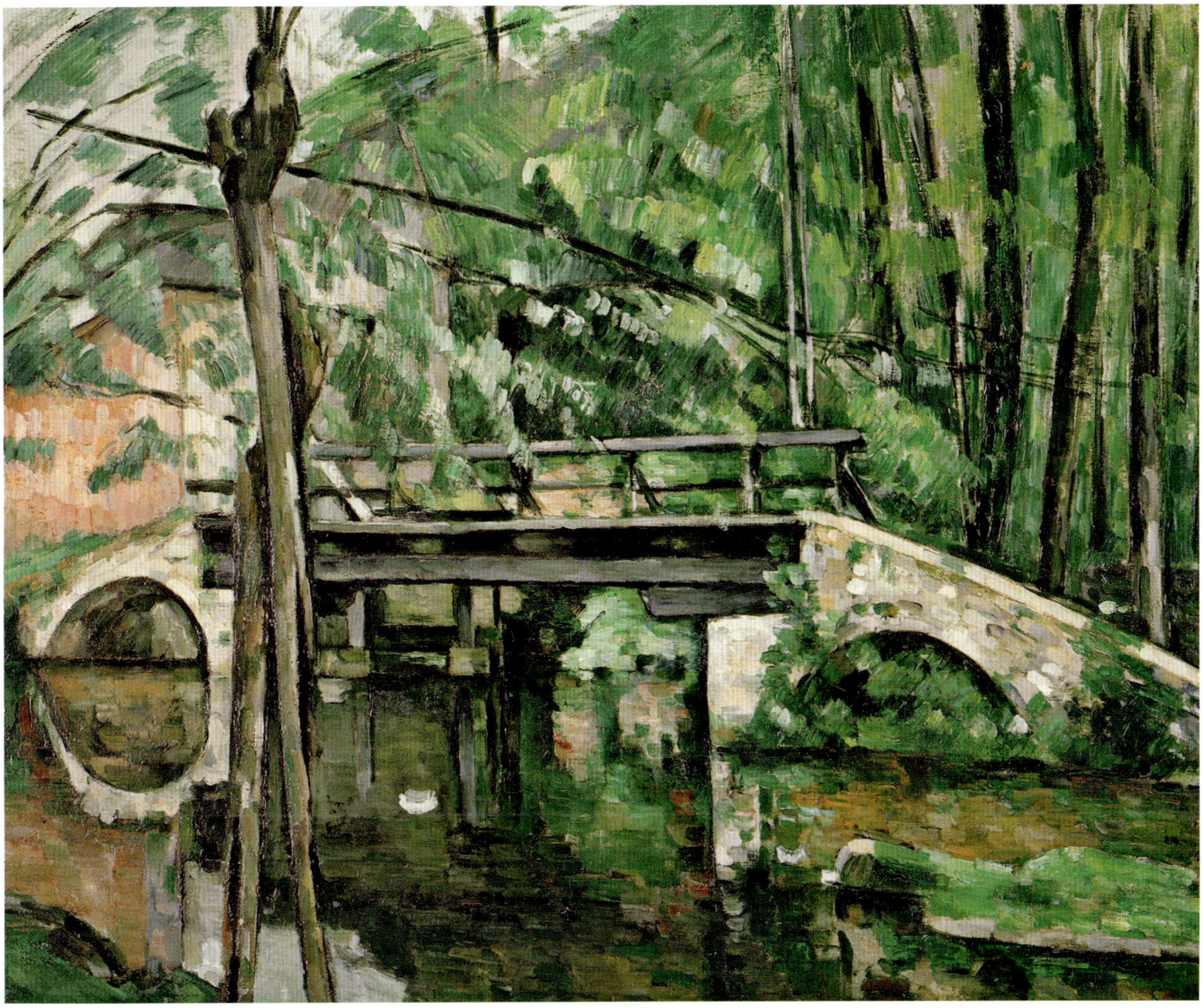

Ce tableau a été réalisé pendant l'année où Cézanne séjournait à Melun entre avril 1879 et mars 1880. Le petit pont enjambait l'Almont pour relier le village de Maincy situé à l'est de Melun à des moulins à eau sur l'autre rive de la rivière. Le bâtiment ocre que l'on entrevoit entre les arbres sur la gauche est probablement un moulin. Une atmosphère humide enveloppe ce paysage aquatique dont le ciel est quasiment invisible et pourtant présent. La densité de la végétation, le calme de l'eau étale et la luminosité intense qui filtre à travers les arbres et enrobe le pont évoquent un début d'été. Les reflets mouvants, fugitifs, sur la rivière, sont aux antipodes de l'« effet de miroir » du *Bac à Bonnières* (fig. 3).
Les verticales des arbres et les horizontales du pont, auxquelles les arches de pierre font contrepoint, architecturent la composition. Les obliques du pont, comme doublées par les branches inclinées traversantes, rompent cette rigueur trop géométrique. Si l'attention à la nature et aux jeux de lumière montre la dette de Cézanne à l'égard de l'impressionnisme, la facture, c'est-à-dire la disposition des touches sur la toile, l'en distingue.
Cézanne construit motif et volumes par la couleur, sans dessiner les détails des motifs. Il recouvre sa toile de bandes de couleurs et de tons subtilement modulés qui forment un tissage serré. Les pierres des arches et leur reflet dans la rivière, traduits par des touches de couleurs juxtaposées et parfois superposées, évoquent les tesselles d'une mosaïque. Les lignes des arbres sont interrompues et légèrement décalées pour ne pas les figer dans l'espace et préserver la sensation de la circulation de l'air et de la lumière.
Le Pont de Maincy est une œuvre charnière qui marque, selon les spécialistes de Cézanne, la rupture formelle avec l'impressionnisme et le début de ce que l'on a appelé la période « constructive ». ■

Fig. 23
Le Pont de Maincy
1879-1880
Huile sur toile
58,5 × 72,5 cm
Paris, musée d'Orsay, acquis avec la participation d'une donation anonyme canadienne, 1955
NR 436

LA TENTATION DE PARIS

Lorsque Cézanne arrive à Paris, sans doute est-il troublé par le climat de liberté de mœurs qui règne dans les ateliers. Zola lui a vanté les charmes des modèles peu farouches qui posent nues le jour et égaient les nuits des jeunes rapins. Si l'écrivain n'hésite guère à profiter des bonnes fortunes qui se présentent, le peintre, accoutumé à des mœurs plus austères, se contente d'observer. Tout au plus peut-être s'autorise-t-il de furtives étreintes tarifées pour apaiser ses pulsions. On ne lui connaît ni liaison parisienne ni aventures sentimentales jusqu'à sa rencontre avec Hortense Fiquet, sa future épouse et mère de Paul, son fils unique. Quasiment pas d'académies féminines d'après des modèles vivants dans ses carnets. Les seules figures nues qu'il dessine et utilise ensuite pour ses peintures sont copiées d'après les œuvres d'autres artistes, anciens ou modernes.

Pourtant, durant une dizaine d'années, à partir de 1865, Cézanne exécute nombre de tableaux aux connotations violemment érotiques. Certains prennent pour prétexte des thèmes bibliques ou mythologiques, comme *Loth et ses filles* ou *L'Enlèvement* (inspiré de *L'Enlèvement de Proserpine*, d'après la peinture de Niccolo del Abbate); d'autres n'offrent aucun repère permettant de situer l'action dans un temps ou un lieu précis (*Les Courtisanes*, *Le Meurtre* ou *La Femme étranglée*). Cézanne qualifiera crûment cette phase de sa création de «période couillarde». De fait, ces tableaux décrivent une sexualité brutale, amorale, où les hommes sont mus par leurs instincts de prédateurs et les femmes par l'appât du lucre. Souvent, la transgression débouche sur le meurtre. Ce thème n'est pas nouveau. La débauche et le lien entre l'érotisme et la mort ont fasciné les romantiques qui se revendiquaient eux-mêmes de la leçon de Goya. Il n'est que de songer à *La Mort de Sardanapale* de Delacroix que Cézanne admirait particulièrement. Mais cette veine est un peu passée de mode dans les années 1870. Les artistes modernes préfèrent dépeindre un Paris clair et lumineux même lorsqu'ils évoquent les plaisirs de la vie nocturne, théâtres, cirques et cafés-concerts. Cézanne, qui suit sa propre voie, en marge du mouvement, s'intéresse peu au «spectacle de la vie moderne», pour reprendre l'expression de Baudelaire.

Mais il ne peut rester indifférent à l'atmosphère qui règne dans la capitale à la fin du Second Empire. Dans ses notes préparatoires pour le roman *L'Œuvre*, le personnage principal, Claude Lantier – un artiste raté – emprunte certains traits biographiques à Cézanne. Zola décrit son peintre rêvant à un tableau de nu qui serait «l'idée de la figure de Paris nue».

Peut-être est-ce cette «figure de Paris nue» que Cézanne s'efforce de représenter ou plutôt la tentation inextricablement mêlée de répulsion que la ville de l'argent et des plaisirs exerce sur lui. Un Paris où il est si facile de se perdre et où le seul salut, la seule sublimation possible des désirs charnels, est la peinture.

À mesure que l'artiste trouve sa voie, la violence s'apaise, les scènes orgiaques prennent un ton aimablement parodique ou se transforment en bacchanales qui célèbrent l'harmonie entre les amants et la nature. Les nus perdent leur charge érotique pour devenir des baigneurs et des baigneuses qui s'ébattent innocemment dans la rivière et dont les formes épousent la courbe des arbres.

Fig. 24
Une moderne Olympia
1873-1874
Huile sur toile
46 × 55 cm
Paris, musée d'Orsay,
don de Paul Gachet, fils du Dr Gachet, 1951
NR 225

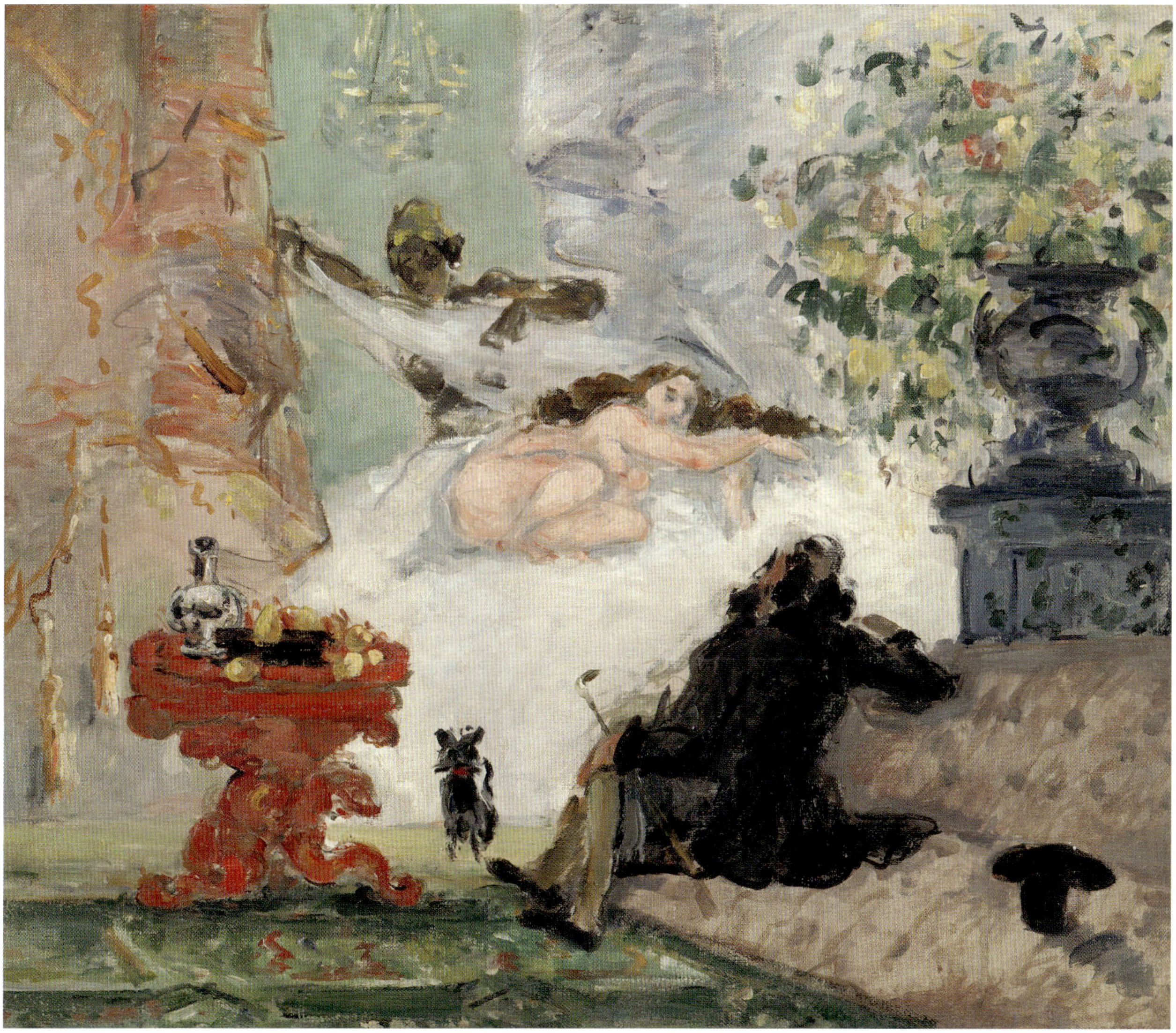

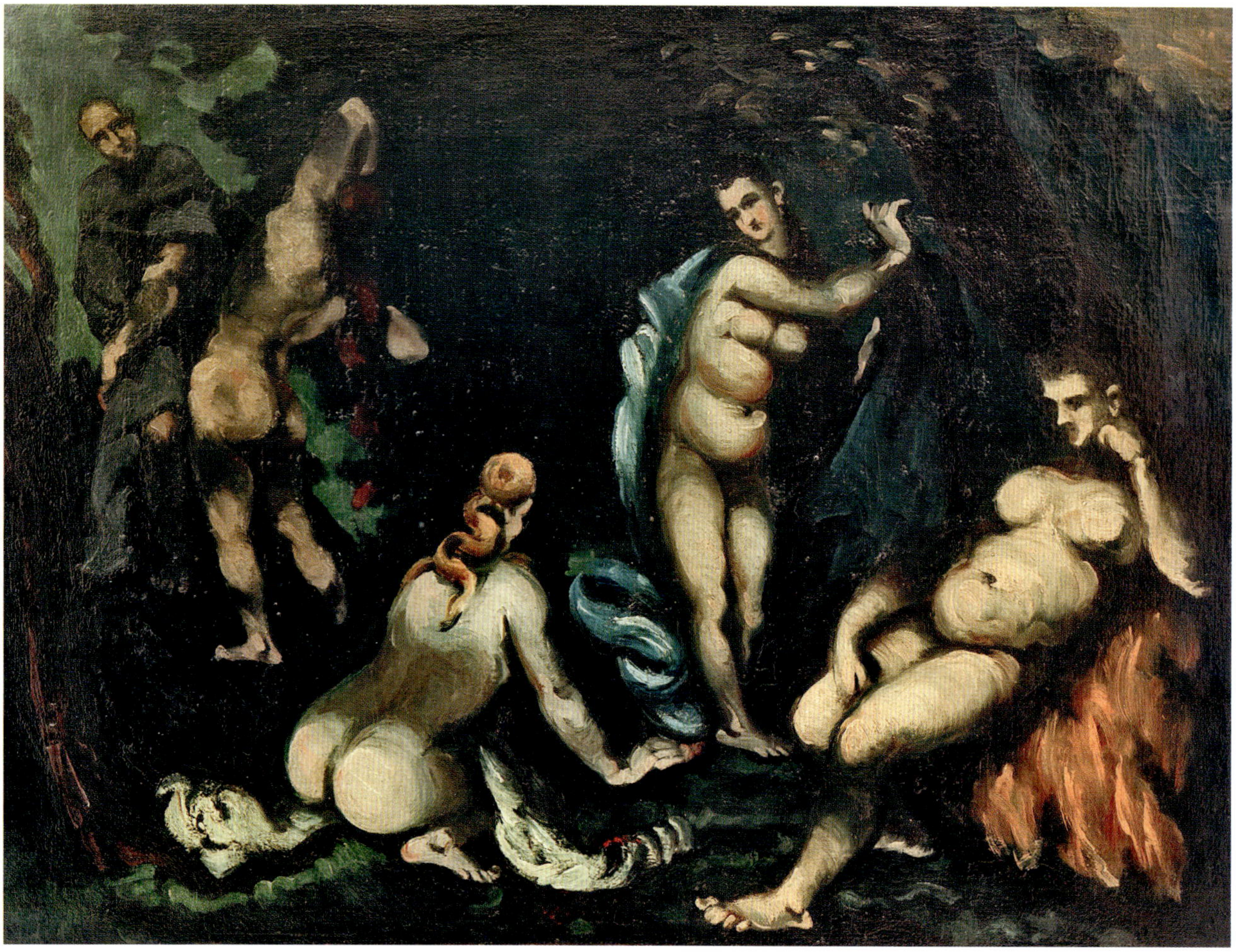

Voici le premier des trois tableaux réalisés par Cézanne sur le thème de la tentation de saint Antoine. La représentation du moine anachorète repoussant les créatures démoniaques qui lui offrent l'argent, le pouvoir et les plaisirs charnels ou tentent de le détourner de la spiritualité est l'un des poncifs de la peinture occidentale depuis Bosch, Brueghel ou Cranach. Écrivains et peintres s'emparent de nouveau du sujet au XIXe siècle. Le *Faust* de Goethe qui inspire à Delacroix une suite de lithographies célèbres en est une variation où le héros perd son âme en succombant à la tentation. Flaubert publiera la troisième version définitive de sa *Tentation de saint Antoine* en 1874 seulement, soit après la réalisation de cette peinture, mais Cézanne a pu lire des passages de la deuxième version publiés dans *L'Art* entre 1856 et 1857. Les multiples sources littéraires et picturales de ce tableau ont été souvent rappelées. Citons encore Fantin-Latour, un habitué du café Guerbois, comme Cézanne et Zola, qui peint en 1869 une *Tentation de saint Antoine*.
Pour Fantin-Latour de même que pour Cézanne, l'unique tentation à laquelle le saint est confronté est la luxure, incarnée seulement par des femmes dénudées, sans leur cortège habituel d'animaux démoniaques. Mais si, chez le premier, le saint est au centre de la composition, entouré d'un tourbillon de nymphes et de bacchantes aux formes graciles, chez le second, il est reporté à l'arrière-plan, et cherche à s'enfuir pour échapper à la vision de la femme nue qui se contorsionne.
Les trois compagnes de la séductrice n'accordent aucune attention à la scène, plus occupées à jauger leurs appas respectifs. Les corps plantureux, violemment éclairés, ne répondent pas aux canons de la beauté classique mais leur féminité, seins, ventres et fesses, est comme hypertrophiée.
Selon certains critiques, Cézanne aurait cherché à exorciser ses obsessions, voire sa peur de la femme en s'identifiant à saint Antoine. Cette peinture, plus pornographique qu'érotique, est empreinte d'une énergie sexuelle dont la brutalité s'atténuera dans les versions postérieures, avec l'apparition d'un comique diable cornu. ■

Fig. 25
La Tentation de saint Antoine
1870
Huile sur toile
57 × 76 cm
Zurich, Fondation Collection E. G. Bührle
NR 167

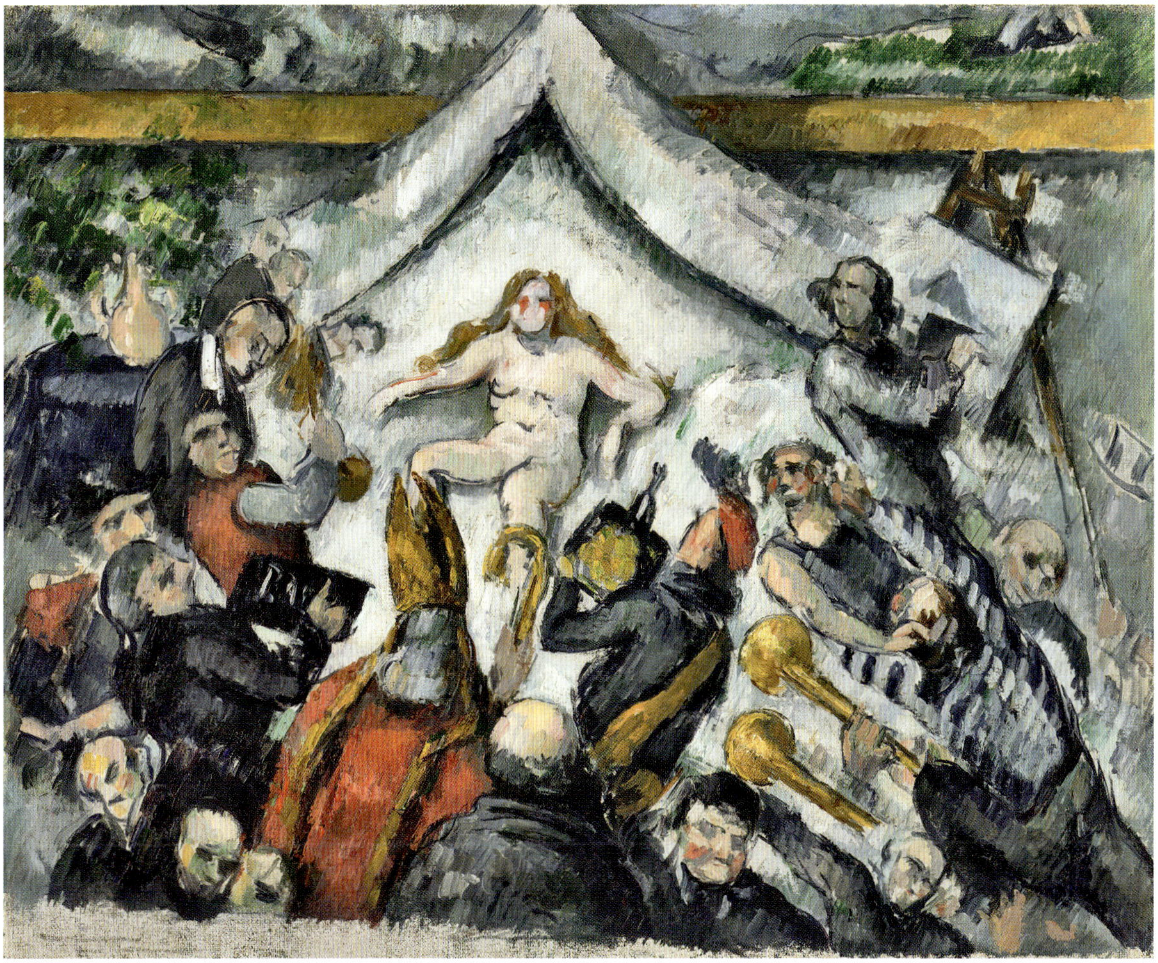

Telle une déesse antique de la fécondité ou une prostituée sacrée, une moderne Ishtar sans visage, à l'exception des yeux incrustés de rubis sanglants, s'offre à l'adoration de ses fidèles. Elle s'exhibe sur un autel de drap blanc surmonté d'un dais, bras et cuisses ouverts, accueillant l'admiration des hommes de toutes conditions qui l'entourent : à droite, les artistes et les saltimbanques – deux lutteurs en maillot rayé, deux trompettistes, un page coiffé d'un béret rouge orné d'une plume, qui porte un plateau ; au milieu et à droite, plusieurs bourgeois vêtus de noir, un évêque crossé et mitré, un militaire en uniforme rouge et épaulettes dorées, un autre personnage vêtu de rouge qui brandit peut-être une bourse. Tous gesticulent et se penchent vers l'objet de leurs désirs à l'exception de l'homme de dos, vêtu d'un manteau sombre, au centre exact du tableau, dont la silhouette et la calvitie rappellent celles de Cézanne. Placé un peu en retrait, il semble observer cette agitation. Autre double possible de l'artiste, à l'extrême droite, un peintre occupé à exécuter ce qui ressemble à une Sainte-Victoire se détourne de son chevalet pour regarder l'idole.
Cézanne traite ici sur un mode parodique le thème connu de la femme-objet. Mais, à l'inverse des autres hommes qui font assaut d'offrandes pour obtenir les faveurs de la femme convoitée, le peintre préfère la contempler.
À bien y regarder, la bande brune qui barre l'arrière-plan signifie le bas du cadre d'une peinture de paysage. Ce tableau dans le tableau nous donne la clef du propos : le temps des pulsions érotiques est révolu pour l'artiste, sa seule ambition est de peindre et sa seule idole, la peinture, symbolisée par cette femme offerte.
Peu importe sa laideur. Le modèle n'a nul besoin d'être beau ou désirable. L'artiste est un alchimiste capable de créer l'harmonie sur la toile à partir du plus prosaïque des motifs. ■

Fig. 26
L'Éternel féminin ou Le Veau d'or
1877
Huile sur toile
43 × 53 cm
Los Angeles, The J. Paul Getty Museum
NR 299

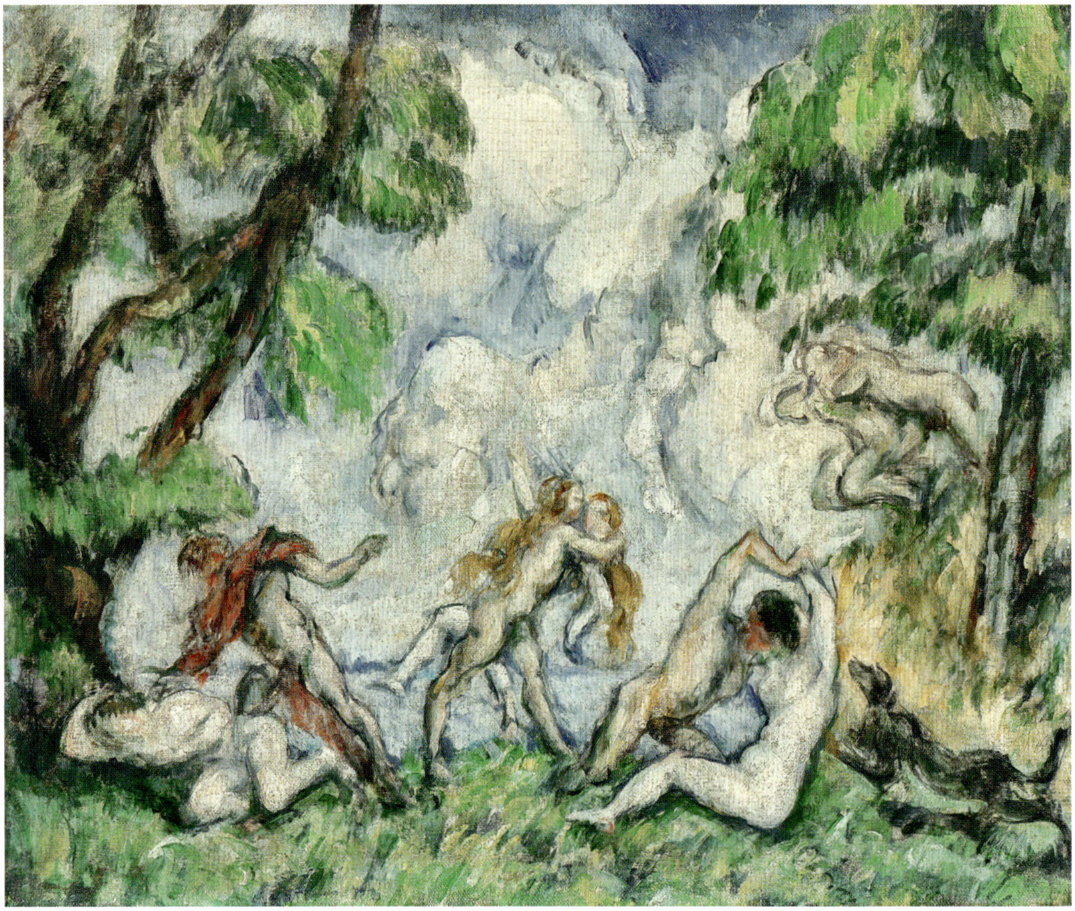

Cézanne, qui reprend rarement les mêmes motifs, a réalisé trois versions différentes de la *Lutte d'amour* dont une à l'aquarelle et à la gouache, et l'on connaît plusieurs dessins préparatoires pour ce tableau.

Les commentaires des spécialistes divergent sur la signification de cette *Lutte d'amour* dont le titre n'est pas de Cézanne. Tous s'accordent à y voir une bacchanale où des couples s'ébattent dans la nature et font observer que Cézanne trouve sa source d'inspiration dans les œuvres de Poussin et du Titien, comme le *Bacchus et Ariane* conservé à la National Gallery de Londres que Cézanne a pu connaître par une gravure. Il a aussi été signalé que l'attitude du couple debout à droite était empruntée à *La Lutte de Jacob avec l'ange* de Delacroix.

Pour certains, ce serait la dernière des scènes d'agression sexuelle imaginées par l'artiste, une évocation de la violence amoureuse et du viol dont le chien bondissant, incarnation du diable, accentuerait la bestialité. À la différence des crimes solitaires des années 1860, nous serions en présence d'une action collective, un déjeuner sur l'herbe qui tournerait à l'orgie, où les femmes agressées luttent contre leurs assaillants.

Pour d'autres, Cézanne a dépassé ses vieux démons et s'inscrit dans la tradition élégiaque de la Renaissance et du baroque : ce tableau pourrait s'interpréter comme un hymne à une sensualité en union avec la nature, l'expression d'un érotisme dont la mort serait enfin exclue. Les femmes provoqueraient les assauts de leurs compagnons et le chien japperait joyeusement pour encourager les ébats.

Formellement, la palette de couleurs vives, voire stridentes, et l'atmosphère ensoleillée disent l'agitation mais pas le drame. Le ciel est encombré de nuages poussés par le vent qui s'enchevêtrent à l'instar des corps des protagonistes, harmonieusement intégrés dans ce paysage aquatique.

Peut-être est-il question de lutte des sexes. Mais, précisément, le sexe de certains personnages est ambigu. L'« homme » du couple central arbore une longue chevelure rousse identique à celle de sa partenaire, comme si Cézanne s'ingéniait à brouiller les pistes.

Peut-être, en dernier ressort, l'artiste s'amuse-t-il à traiter le thème classique de la bacchanale sur un mode humoristique, comme lorsqu'il « détourne » l'iconographie de Léda et le cygne en glissant une coupe de champagne dans la main de sa Léda ou lorsqu'il parodie l'*Olympia* de Manet dans la *Moderne Olympia* (fig. 24). ■

Fig. 27
La Lutte d'amour, II
Vers 1880
Huile sur toile
37,8 × 46,4 cm
Washington, National Gallery of Art,
Gift of the W. Averell Harriman Foundation
in memory of Marie N. Harriman
NR 456

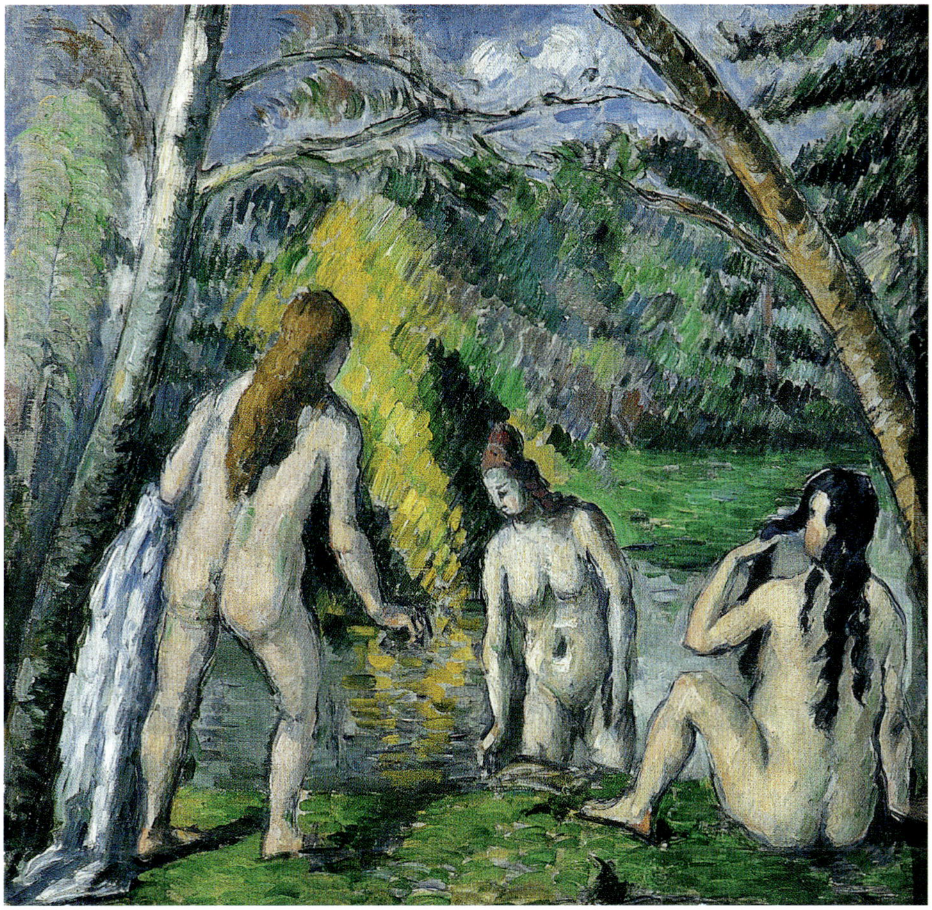

Le temps des tentations érotiques une fois révolu, les corps retrouvent leur innocence d'avant la Chute. Ils se fondent dans la nature, c'est-à-dire, comme l'écrivait Cézanne, le « spectacle que le *Pater Omnipotens Aeterne Deus* étale devant nos yeux », et deviennent un motif pictural. Peu importe leur beauté plastique ou leur exactitude anatomique, ils participent de l'harmonie générale. Cézanne réalise autour de 1880 une suite de tableaux de baigneuses de petit format presque carré, denses, rigoureusement ordonnés, peints à petites touches caractéristiques de sa période dite « constructive », dont celui-ci est sans conteste le plus célèbre pour avoir appartenu à Matisse.
Les carnations et les chevelures des trois baigneuses, brune, blonde et rousse, répondent aux teintes des troncs et des feuillages mordorés par l'automne.
Les arbres les enserrent d'une arche protectrice et l'une d'elles barbote dans une eau basse.

Matisse, qui avait acquis ce tableau en 1899, l'offrit au Petit Palais en 1936, avec cette lettre adressée à Raymond Escholier, le directeur du musée :
« Depuis trente-sept ans que je la possède, je connais assez bien cette toile, pas entièrement, je l'espère ; elle m'a soutenu moralement dans les moments critiques de mon aventure d'artiste ; j'y ai puisé ma foi et ma persévérance. Laissez-moi, à ce titre, vous prier de lui donner la place qu'elle demande pour qu'elle puisse se donner en toutes ses possibilités. Il lui faut, pour cela, lumière et recul.
Elle est savoureuse de couleur et de métier, et, par le recul, elle met en évidence la puissance de l'élan de ses lignes à la sobriété exceptionnelle de ses rapports.
« Je sais que je n'ai pas à vous dire cela, mais, cependant, je crois qu'il est de mon devoir de le faire ; acceptez-la je vous prie, comme le témoignage excusable de mon admiration pour cette œuvre qui n'a cessé de grandir depuis que je la possède.
« Laissez-moi vous remercier pour les soins que vous lui donnerez, car c'est en toute confiance que je vous la remets... »
Bien d'autres peintres ont vénéré Cézanne et précieusement conservé certaines de ses toiles. Mais s'il fallait en choisir une seule pour illustrer son influence majeure sur l'art du XXe siècle, ce serait probablement ces *Trois baigneuses*, compagnes fidèles de Matisse durant trente-sept ans. ■

Fig. 28
Trois baigneuses
1876-1877
Huile sur toile
55 × 52 cm
Petit Palais, musée des Beaux-Arts
de la Ville de Paris
NR 360

POSER COMME UNE POMME

« Je peins comme je vois, comme je sens, et j'ai les sensations très fortes », disait Cézanne. L'artiste ne concevait pas la peinture comme un moyen d'exprimer des sentiments abstraits ; sa démarche n'est ni celle des symbolistes ni celle qu'adopteront plus tard les expressionnistes. Il part toujours d'une réalité objective, du spectacle de la nature, qu'il s'agisse d'un paysage ou d'une « nature » morte, et s'efforce de rendre visibles sur la toile les sensations qu'il éprouve devant cette réalité extérieure.

Pour exécuter une nature morte, il choisit et dispose à son gré les objets qu'il va peindre, avec une prédilection pour les objets ordinaires du quotidien. Il s'agit là d'une première reconstruction intellectuelle de la réalité, modelée par la volonté du peintre. Celle-ci s'accompagne d'une « re-création » matérielle, physique, induite par l'acte de peindre, l'apposition sur la toile d'un mélange d'huile, de pigments et de liant. Ce que Cézanne nous donne à voir, ce ne sont pas des pommes, mais un tableau, « surface plane recouverte de couleurs en un certain ordre assemblées », comme l'écrira plus tard Maurice Denis. En d'autres termes, la nouvelle réalité conçue dans l'esprit du peintre s'incarne à mesure qu'il applique son pinceau sur la toile et décide de l'épaisseur, de la largeur, de l'orientation de la touche et de la couleur qu'il va utiliser à cet endroit précis.

L'artiste travaillait très lentement, « méditait » chaque coup de brosse ou de pinceau car, expliquait-il, une seule touche de couleur posée à mauvais escient suffisait à rompre l'harmonie d'un tableau.

Ces natures mortes nous émeuvent et nous émerveillent parce qu'elles sont animées. Il serait d'ailleurs préférable d'employer pour les désigner l'expression anglo-saxonne *still life*. Intuitivement, au premier regard, nous y reconnaissons non des pommes ou des compotiers, mais Cézanne lui même.

Il y a peu de différence entre paysages, portraits et natures mortes chez l'artiste car il appréhende de la même manière un visage, un corps, un arbre, une maison, ou une pomme. Il analyse les formes, les volumes et organise rythmiquement leurs masses et l'espace qui les sépare pour créer une harmonie picturale. L'enjeu de sa peinture n'est pas la représentation illusionniste du monde réel, mais la relation des lignes, formes et couleurs sur le plan de la toile. Cézanne reconnaissait à sa compagne, Hortense Fiquet, le mérite de « poser comme une pomme ». La formule, pour amusante qu'elle soit, n'a rien de péjoratif. Hortense était douée d'une patience qui lui permettait de s'abstraire, de gommer ses pensées, ses joies ou les tourments du moment, pour devenir, sous le regard de l'artiste, un simple objet. Les amis et les amateurs qui demandaient au peintre de réaliser leur portrait avaient rarement autant d'abnégation. Cézanne, sans doute exaspéré de ne pouvoir obtenir de ses modèles l'attitude convenable, abandonna plusieurs portraits, restés inachevés.

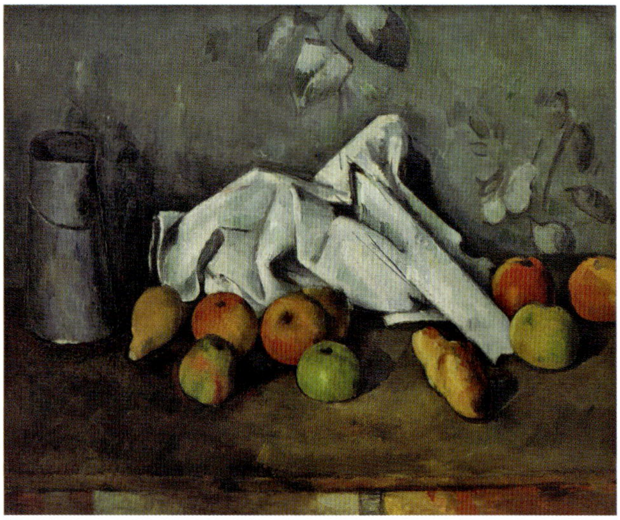

Fig. 29
Boîte à lait et pommes
1879-1880
Huile sur toile
50,2 × 61 cm
New York, The Museum of Modern Art, The William S. Paley Collection, 1990
NR 426

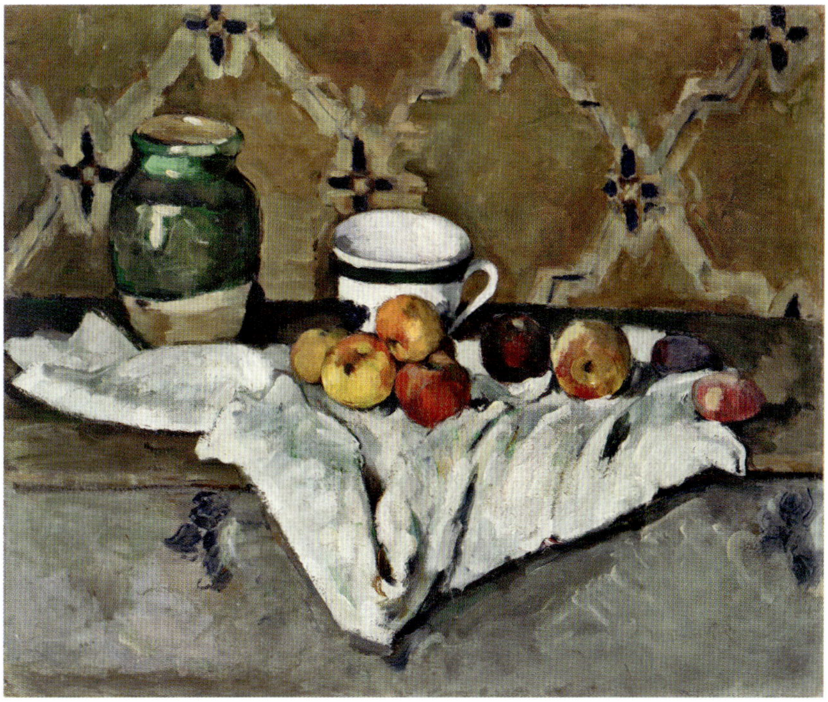

Fig. 30
Poterie, tasse et fruits sur une nappe blanche
Vers 1877
Huile sur toile
60,6 × 73,7 cm
New York, The Metropolitan Museum of Art
NR 322

Fig. 31
Le Plat de pommes
Vers 1877
Huile sur toile
45,8 × 54,7 cm
Chicago, The Art Institute of Chicago
NR 328

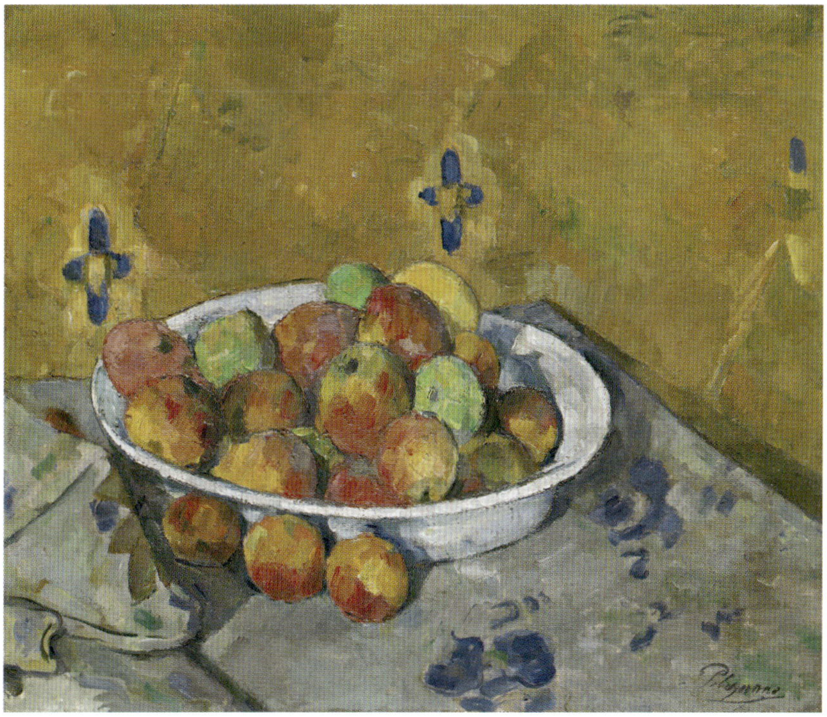

Lorsqu'il réside à Paris durant les années qui suivent son retour d'Auvers-sur-Oise, Cézanne n'a pas les moyens financiers de louer un atelier et travaille chez lui dans les petits appartements qu'il occupe successivement au 67 et au 32, rue de l'Ouest. Il peint beaucoup de natures mortes, objets et fruits qu'il dispose devant les papiers peints qui décorent son intérieur et deviennent des motifs picturaux récurrents. Des objets familiers, empruntés au quotidien, se retrouvent, disposés différemment, de toile en toile : le coffre de bois brut avec une serrure métallique, qui semble avoir suivi Cézanne au cours de ses déménagements (fig. 30 et 32), le pot à lait conique (fig. 29 et 32), une tasse de porcelaine, un verre, un couteau, souvent aussi une serviette blanche jetée sur le coffre dont les plis atténuent la rigidité de la composition. Parmi les fruits, il choisit parfois des poires, voire des pêches, des raisins et des cerises, mais est-il besoin de rappeler que Cézanne est le peintre des pommes, appréciées pour leurs couleurs, leur forme simple, leur rusticité et aussi pour des raisons pratiques : l'artiste travaille très lentement et les fruits ne doivent pas se gâter trop vite. Occasionnellement, il figure un citron, qui, à l'instar du couteau posé au bord du coffre et du linge blanc, évoque la tradition des natures mortes hollandaises.

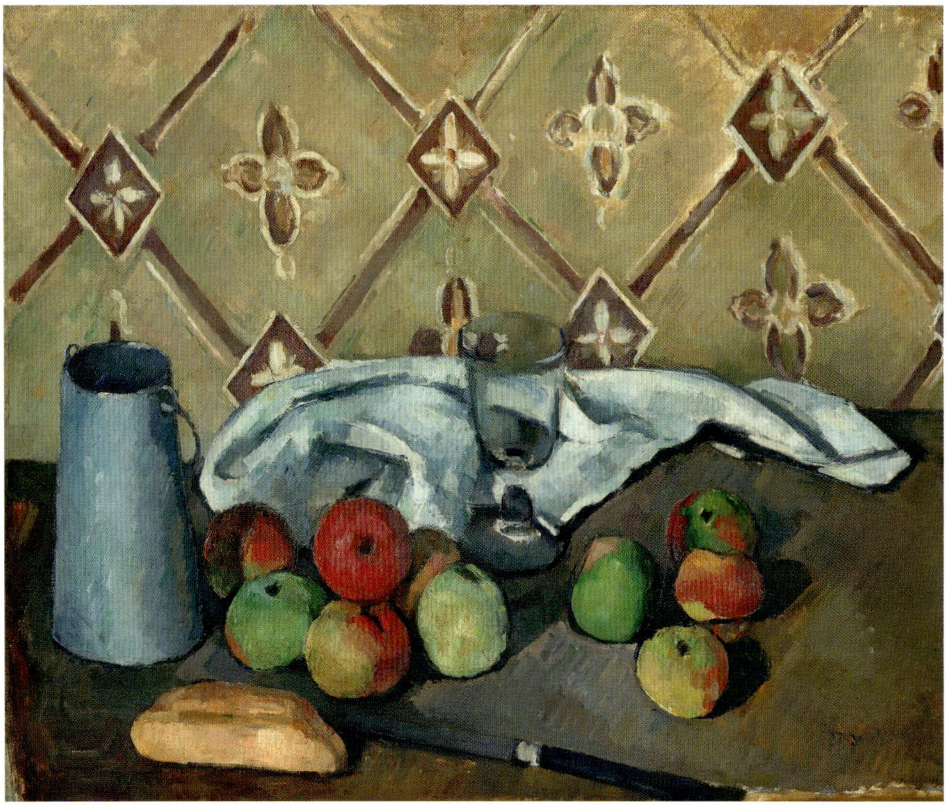

Les papiers peints sont de deux types : soit des éléments floraux sur fond bleuté (fig. 29), soit des losanges animés de fleurons. Les spécialistes tendent à penser, sans certitude, que le papier à fleurs aurait appartenu au second appartement de Cézanne (32, rue de l'Ouest) où il habite d'avril 1880 à 1882 et le papier à losanges, au premier appartement (67, rue de l'Ouest), où il habite entre 1877 et 1879. Mais des critères stylistiques incitent à dater *Pommes, serviette et boîte à lait* (fig. 32), comme plusieurs autres tableaux à motifs de losange, de 1880-1881, époque où Cézanne a quitté son premier appartement de la rue de l'Ouest.
Par ailleurs, si la forme géométrique du losange est une constante qui donne son identité visuelle à cette série, une observation plus attentive montre de nombreuses variantes dans ce papier peint : le réseau de lignes obliques est absent sur le portrait d'Hortense (fig. 33) comme dans *Le Plat de pommes* (fig. 31) où le fond se réduit aux fleurons cruciformes posés en quinconce.
Les lignes des losanges forment des zigzags pour le tableau *Poterie, tasse et fruits sur une nappe blanche* (fig. 30). Derrière le coffre qui supporte les pommes, la serviette et la boîte à lait, des motifs cruciformes imbriqués dans un petit losange marquent les intersections entre les grands losanges et un autre fleuron cruciforme, non imbriqué, orne le centre de chaque losange. Les couleurs changent aussi, passant de fleurons bleus sur un fond jaune olive à un rouge sombre sur fond vert. Ces dernières tonalités évoquent davantage celles des carreaux de terre cuite des cuisines que le papier peint d'un salon. Cézanne a-t-il travaillé dans plusieurs lieux, passant de l'une des pièces de l'appartement à la cuisine pour laisser Hortense et son fils vaquer à leurs occupations dans l'autre pièce ? A-t-il peint les nombreux tableaux à motifs de losanges dans le même appartement ou a-t-il trouvé un nouveau motif proche dans le second appartement ? La question reste ouverte.
Le plus probable est qu'il modifie le fond selon qu'il souhaite mettre au premier plan les lignes géométriques qui sous-tendent la composition, lui confèrent la solidité qu'il recherche, ou porter l'accent sur les volumes courbes des objets. Cézanne n'est jamais dans la répétition de l'identique, il recherche un point d'équilibre, qui évolue à chaque tableau, entre les lignes, les couleurs et les volumes. Loin d'être pour lui un travail accessoire, les natures mortes constituent un élément essentiel de ses expérimentations formelles. Si les deux premières peintures présentées ici (fig. 30 et 31), relativement statiques, respectent les règles habituelles de la perspective, *Pommes, serviette et boîte à lait*, un peu plus tardif, commence à s'en libérer.
Le couvercle du coffre semble remonter vers le mur du fond et les pommes pourraient bien rouler vers nous. Cézanne ose un dédoublement des points de vue, « hérésie » qu'il reprendra plus systématiquement dans ses natures mortes provençales des années 1890. ■

Fig. 32
Pommes, serviette et boîte à lait
1880-1881
Huile sur toile
60 × 73 cm
Paris, musée de l'Orangerie,
collection Jean Walter et Paul Guillaume
NR 479

Cézanne rencontre Hortense Fiquet en 1869. Elle devient sa compagne et la mère de son fils Paul. Il l'épouse en 1886, peu avant la mort de son père auquel il a caché des années durant son existence et celle de l'enfant.
Peu de passion, probablement, dans le couple, et beaucoup de divergences. Hortense ne comprenait pas vraiment la peinture de Cézanne, elle n'appréciait guère ses amis, n'aimait pas vivre à la campagne. Durant les dernières années, ils vivaient la plupart du temps séparés, Hortense à Paris et Cézanne à Aix.
Toutefois, la placide Hortense s'accommoda de la vie clandestine que Cézanne lui imposa durant seize ans et du manque d'argent, et surtout elle sut apprivoiser un homme mal à l'aise avec les femmes. Cézanne prodigua respect et affection à sa compagne et lui fut probablement fidèle si l'on excepte une brève toquade, en 1885, pour une inconnue. Hortense acceptait de poser sans bouger, sans parler, des heures durant et devint son modèle favori.
Son visage rond, plutôt inexpressif, convenait bien à un peintre qui s'attachait à décrire les volumes et les lignes d'un visage sans se soucier de la psychologie du modèle ou de son humeur du moment. Ce portrait de *Madame Cézanne à la jupe rayée* a été réalisé dans l'appartement du 67, rue de l'Ouest, devant le papier peint losangé utilisé aussi pour une série de natures mortes (fig. 30, 31, 32).
Présenté à la rétrospective consacrée à Cézanne lors du Salon d'automne de 1907, le tableau fascina littéralement le poète Rainer Maria Rilke, grand admirateur de Cézanne, qui l'analyse dans une lettre à son épouse Clara, au retour d'une ultime visite au Salon : « Le Salon ferme aujourd'hui. [...] Déjà, bien que je me sois si souvent attardé devant avec une attention sans faille, la grande architecture colorée de *La Femme au fauteuil rouge* se révèle aussi difficile à mémoriser qu'un nombre à plusieurs décimales. Je m'en étais pourtant imprégné chiffre par chiffre. La conscience de sa présence exalte ma sensibilité jusque dans le sommeil [...]. T'en ai-je parlé ? Devant une paroi terre verte que décore un rare motif bleu de cobalt, une croix au centre évidé, est placé un fauteuil bas, rouge, capitonné ; le dossier arrondi s'incurve en avant vers les accoudoirs (fermés comme l'extrémité des manches du manteau d'un manchot). L'accoudoir de gauche et le gland saturé de vermillon qui en pend n'ont déjà plus pour fond cette paroi, mais une large bordure bleu-vert qui donne à leur contraste sa pleine résonance. Dans ce fauteuil rouge – un personnage à lui seul –, une femme est assise, les mains au creux d'une robe à larges rayures verticales, très légèrement indiquée au moyen de petites taches éparses de jaune-vert et de vert-jaune, jusqu'au bord de la jaquette gris-bleu qu'un nœud de soie bleue où jouent des reflets verts ferme sur le devant. Sur le visage lumineux, la proximité de ces couleurs permet un modelé simple ; même le brun des cheveux en bandeaux couronnés par un chignon et le brun lisse des yeux sont obligés de s'affirmer contre ce qui les environne. *C'est comme si chaque point du tableau avait connaissance de tous les autres.* Tant chacun participe, tant s'y combinent acceptation et refus ; tant chacun veille à sa façon à l'équilibre, et l'assure ; de même que le tableau entier, en fin de compte, fait contrepoids à la réalité. [...] Tout n'est plus, comme je l'ai dit, qu'une affaire de couleurs entre elles ; chacune se concentrant, s'affirmant face à l'autre et trouvant là sa plénitude. [...] Dans ce va-et-vient de mille influences réciproques, l'intérieur du tableau vibre, flotte en lui-même, sans un seul point immobile. » ■

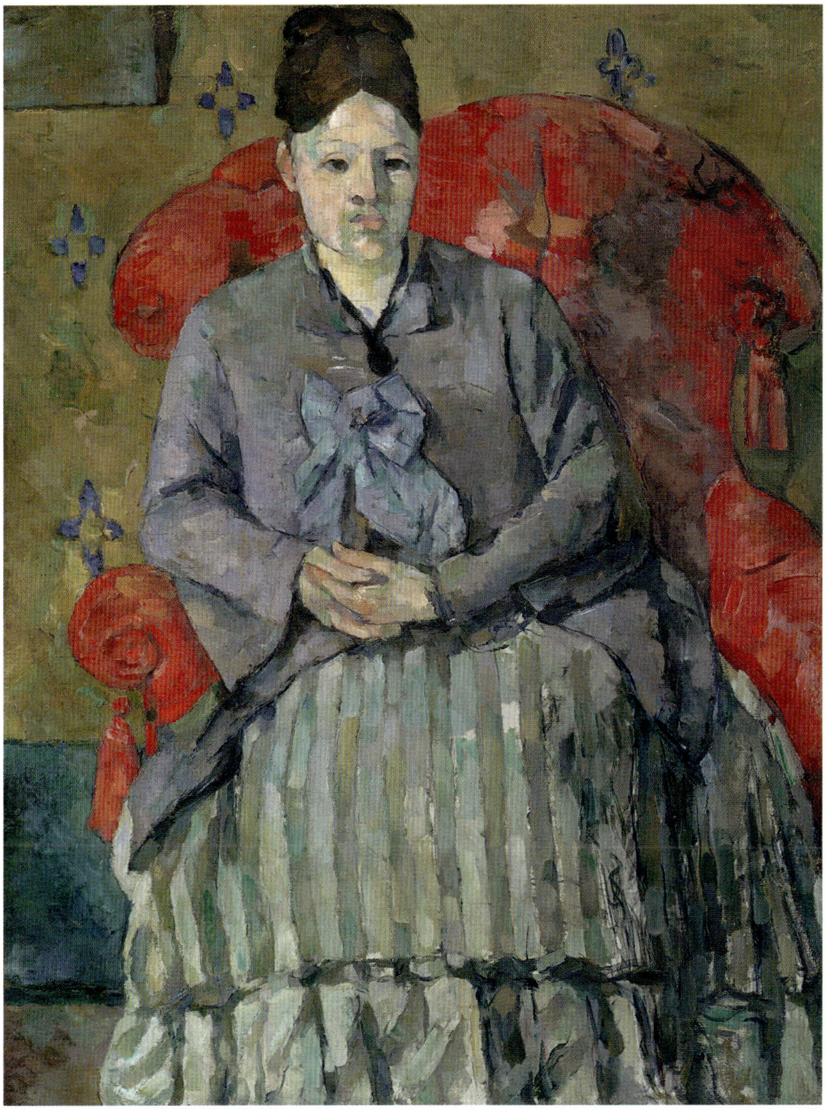

Fig. 33
Madame Cézanne à la jupe rayée
Vers 1877
Huile sur toile
72,4 × 55,9 cm
Boston, Museum of Fine Arts,
Bequest of Robert Treat Paine, 2nd
NR 324

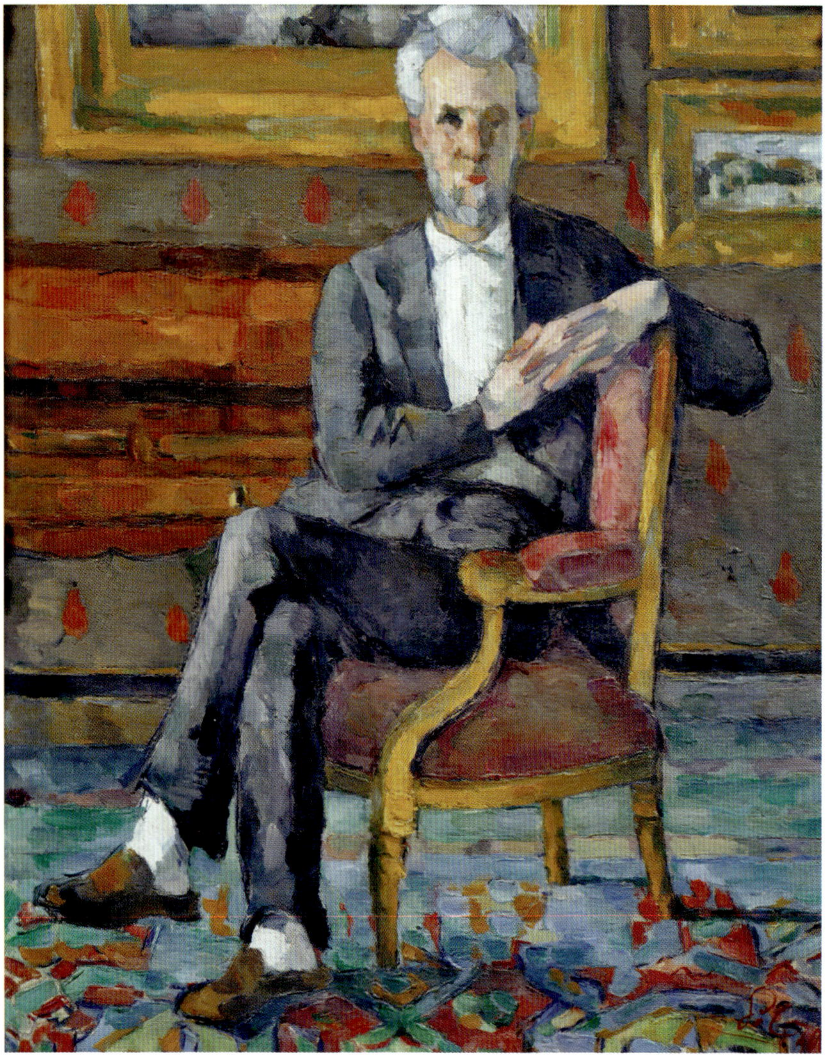

Fig. 34
Portrait de Victor Chocquet assis
1877
Huile sur toile
45,7 × 38,1 cm
Colombus, Colombus Museum of Art
NR 296

Au moment des premières expositions du groupe des impressionnistes, la peinture de Cézanne n'intéresse quasiment personne en dehors des peintres qui ont pressenti son génie – tels Monet, Pissarro et Renoir –, de ses amis d'enfance et du docteur Gachet qui le connaissait personnellement. Si les critiques citent parfois son nom, c'est pour se moquer de ce barbouilleur de toiles. Victor Chocquet (1821-1891) est le premier amateur à avoir rassemblé une quantité considérable des œuvres de Cézanne (une quarantaine de peintures et plusieurs aquarelles). Issu d'une famille d'industriels lillois, ce modeste employé des douanes est un collectionneur dans l'âme. Il achète tout d'abord des objets d'art du XVIIIe siècle et, malgré des moyens financiers limités, un bel ensemble d'esquisses et de dessins de Delacroix.
Il découvre la peinture des impressionnistes en 1875 et demande à Renoir de réaliser son portrait et celui de sa femme.
Par l'intermédiaire de Renoir, il achète son premier Cézanne et fait la connaissance de l'artiste. Les deux hommes vont se lier d'amitié à la faveur de leur passion commune pour Delacroix.
À l'inverse de Renoir, Cézanne, qui répugnait à peindre les femmes, à l'exception de la sienne, n'a jamais réalisé de portrait de Mme Chocquet. En revanche, il exécutera six portraits du collectionneur et plusieurs dessins.

Victor Chocquet est représenté dans le salon de son appartement de la rue de Rivoli, assis sur un fauteuil Louis XVI. Derrière lui, on distingue un bureau à cylindre, tribut à son goût pour les meubles du XVIIIe siècle, et trois cadres de tableaux difficiles à identifier. Le corps de ce grand homme sec, un peu dégingandé, semble disproportionné dans le fauteuil court sur pattes. En pantoufles et tenue d'intérieur, sans cravate, il a la décontraction distinguée attendue d'un collectionneur. La représentation serait conventionnelle si Cézanne n'avait étrangement coupé meuble et tableaux et surtout peint d'une pâte épaisse, à petites touches, juxtaposant et superposant les pavés de couleurs jusqu'à former une mosaïque. Degas lui-même aurait qualifié ce tableau, qu'il tentera néanmoins d'acheter, de « portrait de fou par un fou ». ■

Fig. 35
Portrait d'Ambroise Vollard
1899
Huile sur toile
101 × 81 cm
Paris, Petit Palais, musée des Beaux-Arts de la Ville de Paris
NR 811

Ambroise Vollard (1868-1939) vient de s'établir à son compte lorsqu'il découvre quelques tableaux de Cézanne dans la vitrine de la modeste boutique du père Tanguy. À la mort de Tanguy, Vollard achète ses premiers Cézanne. Originaire de La Réunion, le jeune marchand manque encore de relations mais ni de flair ni du sens des affaires. Il s'intéresse aux nouveaux talents, c'est-à-dire aux artistes d'avant-garde qui ne sont pas encore « pris en mains » par les grands marchands. Aussitôt installé dans sa première galerie, au 6, rue Laffitte, il prend contact avec Paul Cézanne fils, sur les conseils de Renoir, et organise la première exposition personnelle du peintre, en décembre 1895. Vollard se rendra ensuite à Aix pour rencontrer « son » peintre qui le considérera comme un « honnête homme » et lui demeurera fidèle, lorsqu'il sera célèbre. Très vite, Cézanne est lancé sur le marché de l'art. Vollard ne fera pas la fortune de Cézanne, encore qu'il le mette définitivement à l'abri des soucis financiers, mais c'est avec lui que débute la fortune de Vollard. Le marchand exposera bientôt dans sa galerie d'autres artistes majeurs, comme Renoir, Degas, Gauguin, Van Gogh, les nabis. Il organisera

la première exposition parisienne de Picasso en 1901 puis ce seront Maillol, Matisse, Derain, Vlaminck et Rouault. Vollard publie en 1914 la première biographie de Cézanne qui fourmille d'anecdotes savoureuses même si l'auteur prend quelques libertés avec l'exactitude des faits. Un chapitre est consacré à son portrait.
Vollard aime à se faire portraiturer par « ses » peintres, et Renoir, Bonnard, Vallotton, Forain et Picasso, auquel on doit le célèbre portrait cubiste de Vollard du musée Pouchkine, se sont prêtés à l'exercice mais jamais les séances de pose ne seront plus longues et plus exigeantes qu'avec Cézanne. Pourtant, les choses commencent sous les meilleurs auspices : « Mes relations avec Cézanne ne se bornèrent pas à la visite que je luis fis à Aix ; je le revis à chacun de ses voyages à Paris, et il montrait à mon égard une telle bienveillance que j'osai, un jour, lui demander de faire mon portrait. » Nous sommes alors au début de l'année 1899 et rendez-vous est pris dans l'atelier que Cézanne occupe à la villa des Arts, rue Hégésippe-Moreau. Les séances de pose ont lieu de 8 h 30 à 11 h 30, l'après-midi étant consacré à des études au Louvre ou au Trocadéro. Encore faut-il que le temps soit « gris clair », le silence absolu et qu'aucune contrariété n'ait troublé la concentration de l'artiste. Le modèle est tenu de rester parfaitement immobile, « comme une pomme », luttant contre le sommeil, perché sur un tabouret à l'équilibre précaire. « Pour qui ne l'a pas vu peindre, il est difficile d'imaginer à quel point, certains jours, son travail était lent et pénible. Dans mon portrait, il y a, sur la main, deux petits points où la toile n'est pas couverte. Je le fis remarquer à Cézanne : "Si ma séance de ce tantôt au Louvre est bonne, me répondit-il, peut-être demain trouverai-je le ton juste pour boucher ces blancs. Comprenez un peu, M. Vollard, si je mettais là quelque chose au hasard, je serai forcé de reprendre tout mon tableau à partir de cet endroit !" »
Après cent douze séances de pose, Cézanne s'en retourna à Aix, laissant le portrait inachevé, mais « pas mécontent du devant de la chemise ».
Sur ce portrait, le « géant » créole – il mesurait près de deux mètres – au grand front dégarni se tient bien droit, concentré, un livre à la main, alors que les autres artistes le représentent le plus souvent tassé dans un fauteuil, à demi assoupi, voire la mine renfrognée. Le tableau est

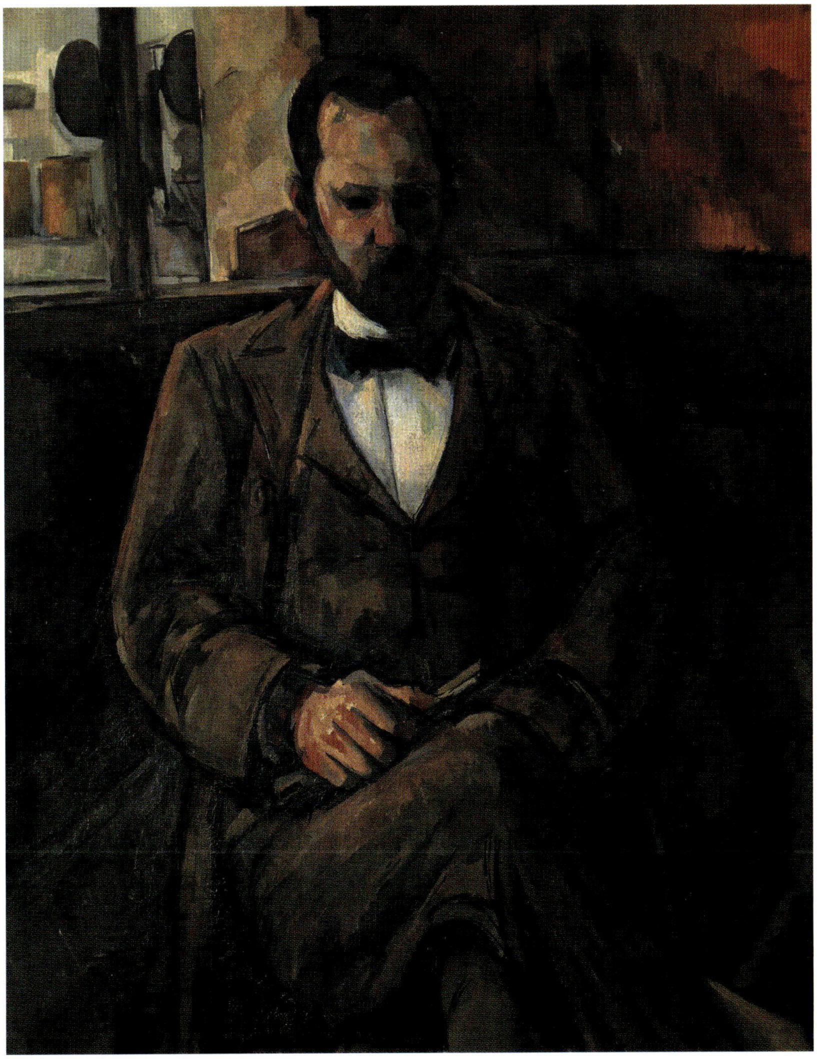

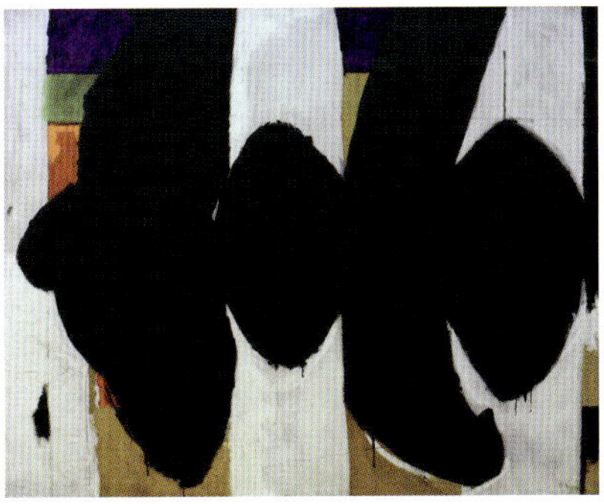

Fig. 36
Robert Motherwell (1915-1991)
Elegy to the Spanish Republic, 34
Huile sur toile
Buffalo, Albright-Knox Art Gallery

géométriquement construit dans un jeu cruciforme de lignes horizontales et verticales. Pourtant, la ligne de la plinthe, au-dessus de l'épaule gauche du modèle, est plus haute que le rebord de la fenêtre à sa droite et ce décrochement crée un léger déséquilibre qui donne vie au portrait. L'austérité de l'harmonie de bruns, de noirs et d'ocre est éclairée par le blanc de la chemise et par le paysage aperçu derrière le châssis de la fenêtre. Il est difficile de parler de paysage tant Cézanne frôle à ce moment l'abstraction. Cette partie du tableau ne restera pas inaperçue des peintres du XXe siècle pour lesquels Cézanne deviendra une figure tutélaire. L'artiste américain Robert Motherwell (1915-1991) s'en inspirera pour créer l'une de ses séries majeures, l'ensemble de cent quarante toiles intitulé *Elegy to the Spanish Republic* (fig. 36). ■

LES VOIES DU SILENCE

Selon une idée encore répandue, Cézanne serait monté à Paris au début de sa carrière pour s'y former, rencontrer d'autres artistes, se faire connaître. Il y aurait découvert la peinture de plein air à Auvers-sur-Oise et à Pontoise – on oublie le plus souvent l'année solitaire passée à Melun, qui marque la rupture avec l'impressionnisme (*Le Pont de Maincy*, fig. 23) – et aurait participé au mouvement impressionniste, puis se serait retiré sur ses terres aixoises pour composer, en solitaire, les grandes séries de la maturité, les *Sainte-Victoire*, les *Grands Baigneurs* et *Grandes Baigneuses*, les *Joueurs de cartes*, *Bibémus*, *Le Château noir*, toutes œuvres éminemment provençales.

Cette présentation linéaire du parcours cézannien a le mérite d'être intellectuellement satisfaisante. Une importante exposition intitulée « Cézanne, les dernières années (1895-1906) », organisée au Grand Palais en 1978, ne comportait aucune toile « du Nord » à l'exception des portraits de Vollard (fig. 35) et de Geffroy. Guère plus de paysages franciliens dans la grande rétrospective *Cézanne* de 1996. Bien entendu, les remarquables historiens d'art qui préparèrent ces manifestations – parmi eux, citons seulement Françoise Cachin, première directrice du musée d'Orsay, disparue en début d'année et à laquelle la présente exposition est dédiée – n'ignoraient rien des tableaux qui vont être évoqués ici. Évidemment, il était difficile à l'époque d'obtenir le prêt des merveilleuses toiles des bords de Marne, inaccessibles dans des collections particulières ou dans les musées russes. Mais, incontestablement, la présentation de ces œuvres aurait dérangé l'ordonnancement logique du parcours et de l'histoire de Cézanne.

Force est de constater que le peintre remonte huit fois dans la capitale entre 1888 et sa mort en 1906. Au total, durant cette période, il passe huit ans entre Paris et l'Île-de-France, même si, lors de ses derniers séjours, durant les étés 1904 et 1905, il ne fait que traverser Paris pour rejoindre son fils Paul à Fontainebleau.

Pourquoi revenir encore et encore dans cette région alors qu'il n'aime pas les voyages, ne visitera jamais l'Italie et n'aura même pas la curiosité de s'aventurer en Bretagne, terre d'élection de Maurice Denis et Émile Bernard, deux jeunes artistes qu'il fréquente ?

Durant la dernière décennie de sa vie, Cézanne n'est plus en quête de reconnaissance : il est connu, si ce n'est du grand public, du moins des amateurs. Ambroise Vollard lui consacre régulièrement des expositions sans qu'il ait besoin de se déplacer ; son fils a pris les affaires en main ; ses tableaux se vendent de plus en plus cher ; artistes, marchands et collectionneurs prennent le chemin d'Aix pour rendre hommage au maître ; en 1904, enfin, le Salon d'automne lui apporte la consécration.

Sans doute est-il poussé par le désir de voir son fils et l'obligation de retrouver son épouse, Hortense, qui préfère vivre à Paris. Sans doute la rudesse du climat provençal et la chaleur étouffante de la campagne aixoise au cœur de l'été ne conviennent-ils pas à la santé fragile d'un vieil homme fatigué. Sans doute aussi éprouve-t-il du plaisir à visiter quelque exposition, à arpenter encore les salles du Louvre, à retrouver de vieux amis, peu nombreux, à dire vrai, depuis la rupture avec Zola et la mort de Victor Chocquet.

Mais au-delà de ces motifs prosaïques, les retrouvailles périodiques avec l'Île-de-France semblent avoir été dictées par une nécessité picturale, bien que l'artiste ne s'en soit jamais expliqué. Cézanne affirmait peindre comme il sentait, et avait, disait-il, « des sensations fortes ». Quelles sensations éprouvait-il, différentes de celles que lui procurait la contemplation de la montagne Sainte-Victoire, lorsque, durant des semaines, il prenait quotidiennement le train gare de la Bastille pour aller, solitaire, poser son chevalet sur les bords de la Marne ? Quelles sensations le poussèrent à prendre pension, toujours seul, dans une auberge à Marlotte, un village situé entre la forêt de Fontainebleau et le Loing, durant l'été 1899 ? Il nous faut chercher des réponses en contemplant ses peintures : la fraîcheur, le temps changeant, la végétation verdoyante, l'eau

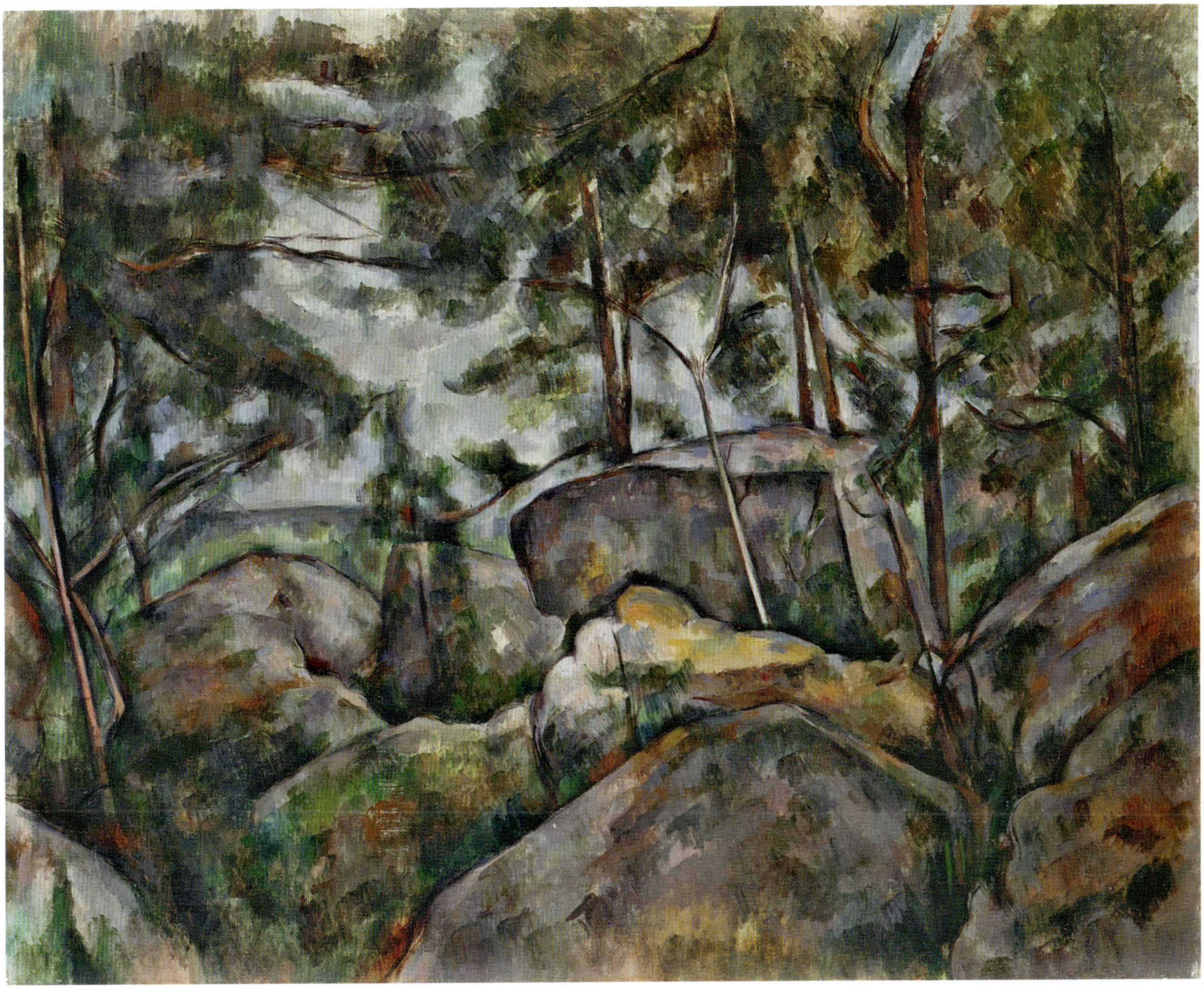

vive des rivières, le silence surtout, à peine troublé par le chant des oiseaux, si étrange pour qui est habitué aux stridulations obsédantes des cigales... Il émane de la palette de bleu-gris, de vert profond et de violet des paysages franciliens une douceur mystérieuse, une sérénité bien différentes de la gamme d'ocre, d'orange et de roux des toiles provençales. Parfois cependant retrouve-t-on des influences réciproques : sur certaines Sainte-Victoire, les bleu-vert d'Île de France, la chaleur de la palette provençale dans quelques rares toiles du Nord ou des réminiscences de Bibémus dans les rochers de la forêt de Fontainebleau. Les incessants va-et-vient physiques et artistiques entre la région parisienne et le Midi seraient-ils l'une des clefs indispensables à la compréhension de l'œuvre de

Fig. 37
Rochers à Fontainebleau
Vers 1893
Huile sur toile
75 × 92 cm
New York, The Metropolitan Museum of Art
NR 775

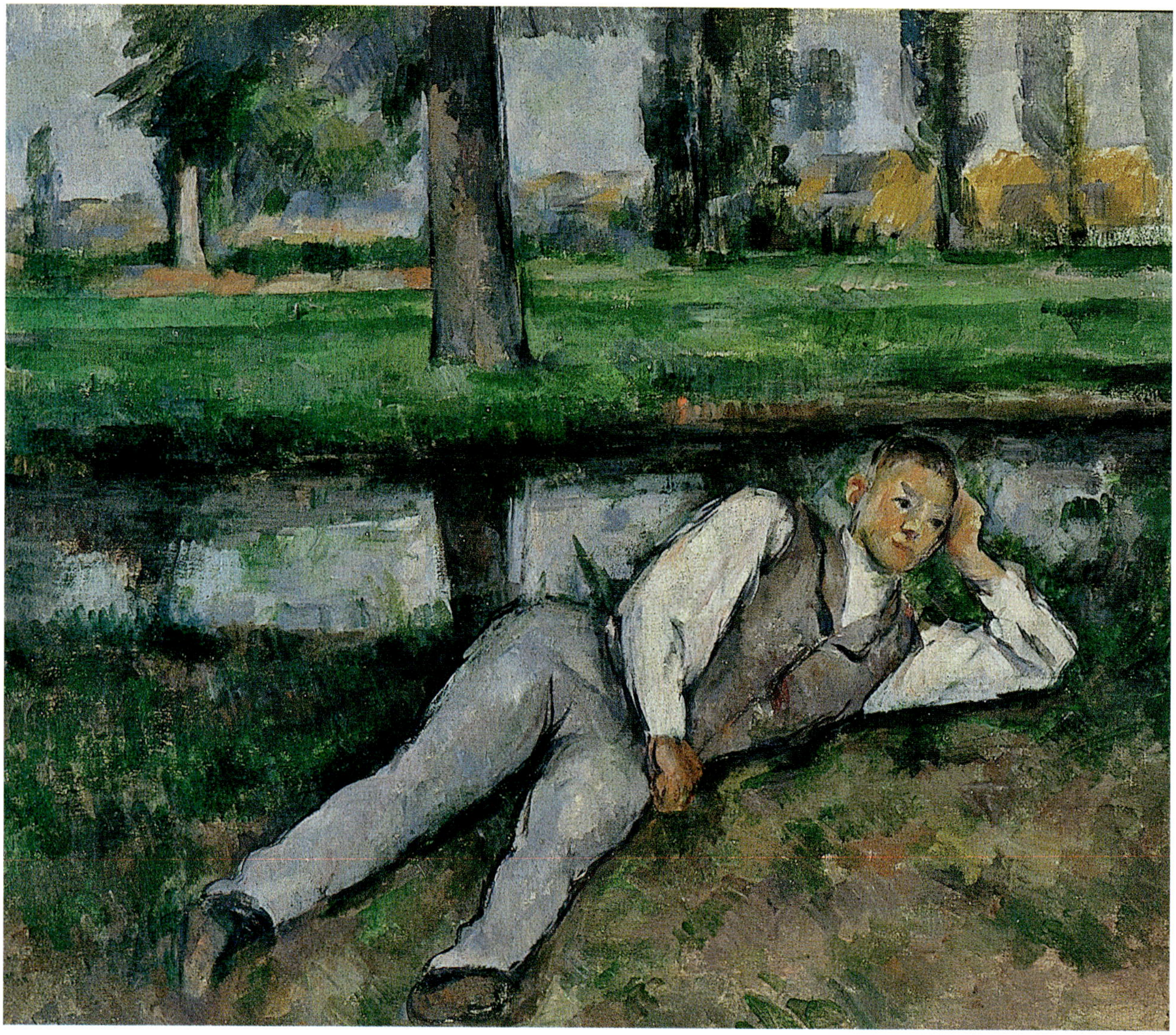

Ce tableau pourrait être une variante du thème du déjeuner sur l'herbe, une réflexion sur l'insertion d'une figure dans un paysage ou un « Baigneur » qui aurait gardé ses vêtements, mais il s'agit bien d'un portrait dans lequel on a reconnu Paul, le fils de l'artiste. Depuis sa plus tendre enfance, Paul a posé pour son père. Le jeune homme semble âgé d'environ dix-huit ans. Son visage est traité avec une précision, une douceur et une délicatesse que Cézanne réservait à son unique enfant, dont ici l'attitude d'abandon traduit la confiance qui prévalait entre eux. La palette de vert profond inciterait à penser que ce tableau empreint d'une grande sérénité a été peint en région parisienne. Mais une photographie de l'œuvre conservée dans les archives d'Ambroise Vollard est annotée de la main de Paul, fils : *Jas de Bouffan, 1895*. Ces indications données tardivement par Paul à la demande de Vollard qui préparait un catalogue consacré à Cézanne sont sujettes à caution et les spécialistes continuent à s'interroger.
Pour réaliser un paysage aquatique, Cézanne posait généralement son chevalet au bord de la rivière et peignait la rive opposée. Ici au contraire, le premier plan, c'est-à-dire toute la moitié inférieure du tableau, est occupé par une étendue herbeuse sur laquelle repose le modèle, mollement accoudé, l'étroite bande de la rivière, ou l'étang, étant repoussée en second plan. On a rapproché ce tableau de *L'Écho et Narcisse* de Poussin que Cézanne a pu connaître au moins par une gravure. Mais le demi-dieu se perd à trop contempler son reflet dans l'eau, tandis que ce moderne Narcisse s'en détourne résolument. Si l'on admet cette eau-miroir comme un équivalent symbolique de la toile sur laquelle le peintre dessine le reflet du monde réel, est-ce à dire que Paul se détourne de la peinture ? Regret inexprimé d'un père dont le fils ne sera jamais peintre ? ■

Fig. 38
Garçon couché
Vers 1890
Huile sur toile
54 × 65,3 cm
Los Angeles, The Armand Hammer Collection, Gift of the Armand Hammer Foundation, Hammer Museum
NR 682

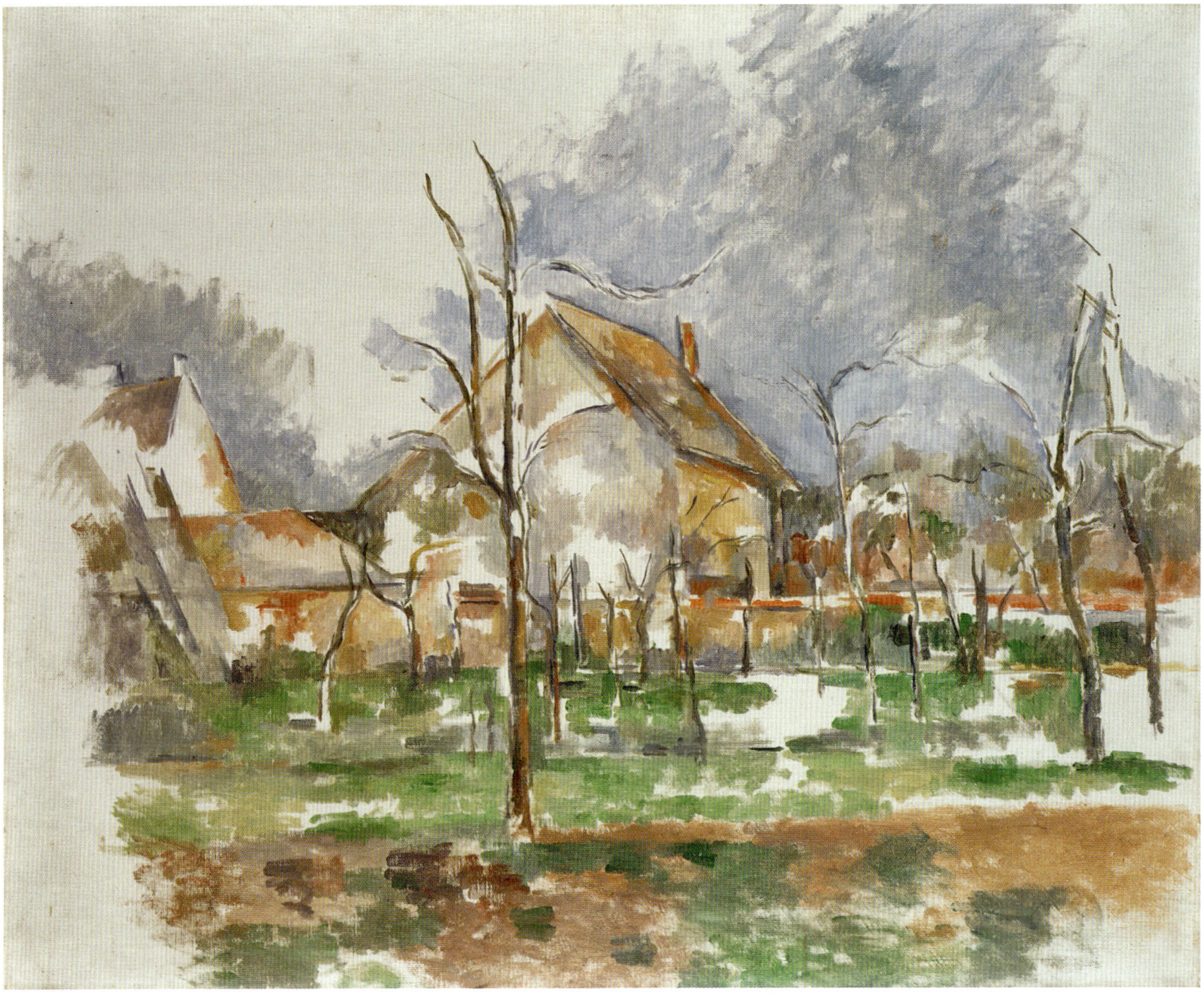

L'histoire de la naissance de cette œuvre a pu être reconstituée. En novembre 1894, Cézanne rend visite à Monet à Giverny où il passe trois semaines. Monet admire profondément Cézanne et tient à faire partager son admiration pour un artiste qui n'est encore apprécié que par une poignée d'amateurs. Il organise une réception à laquelle sont conviés, entre autres, Mary Cassatt, Gustave Mirbeau, Auguste Rodin et Clemenceau. Cézanne, plus sociable que sa légende ne le laisse croire, se montre aimable et même flatté d'avoir pu serrer la main de Rodin. Mais voilà que Monet se lance dans un petit discours en l'honneur du peintre : « Enfin nous sommes ici tous ensemble et heureux de saisir cette occasion de vous dire combien nous vous aimons et combien nous admirons votre art ». Abasourdi et incrédule, le timide Cézanne s'écrie : « Vous aussi, vous vous foutez de moi ! » et quitte les lieux. Il fait derechef ses valises et quitte l'hôtel Baudy où il logeait, abandonnant ses travaux en cours, dont cette toile que les propriétaires de l'hôtel conserveront jusqu'en 1920. L'inachèvement du tableau met en évidence la manière dont Cézanne travaillait et structurait sa composition : les lignes horizontales, terre nue, herbe rase et arêtes des murs et des toits, croisent strictement les lignes verticales des fermes et des arbres dépouillés. Les troncs sont cernés de fines lignes blanches réservées sur la toile qui les détachent de la végétation et des habitations. Cézanne recrée ainsi la profondeur et fait circuler l'air entre ses motifs sans recourir à la perspective illusionniste traditionnelle. À ce stade d'ébauche, il a déjà défini l'harmonie colorée de sa composition : une délicate gamme de tons pastel légèrement posée qui évoque un matin d'hiver ensoleillé. Tout est en place : ce tableau « non fini », puisque la toile reste nue à plusieurs endroits, a trouvé sa plénitude. ■

Fig. 39
Paysage d'hiver (Giverny)
1894
Huile sur toile
65 × 55 cm
Philadelphie, Philadelphia Museum of Art,
Gift of Frank and Alice Osborn, 1966
NR 777

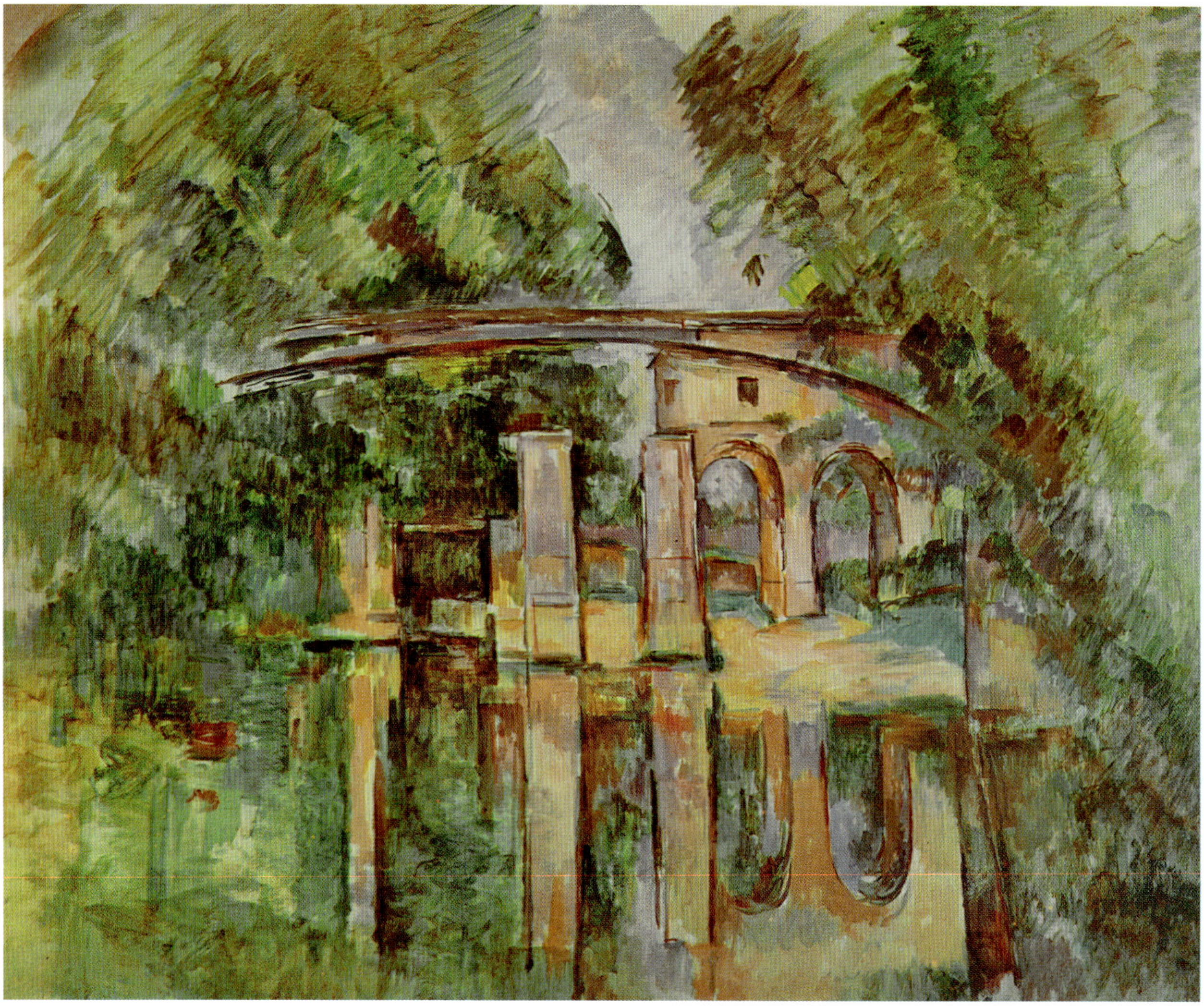

En 1894, Cézanne habite à Paris, rue des Lions-Saint-Paul d'où il rejoint commodément la gare de la Bastille. En une heure, il est à Saint-Maur-des Fossés. De là, il gagne aisément les bords de Marne, du côté d'Alfort, où il va peindre une douzaine de tableaux sans que l'on sache pourquoi ces paysages peu fréquentés l'attirent. À l'inverse de Barbizon, d'Auvers, de Giverny, Alfort n'était pas réputé comme un village d'artistes. Cézanne est au moins assuré d'y trouver le calme et la solitude indispensables à sa création.

Connu sous le titre *L'Aqueduc et l'écluse*, ce *Moulin brûlé* (fig. 40) vient d'être identifié par Raymond Hurtu. Photographié en 1865, le moulin, détruit par un incendie en 1883, était relié au château de Charentonneau, sur l'autre rive d'un bras de la Marne, par une galerie qui servait de grenier à grains. Cette galerie, à présent disparue, est visible sur le tableau, au-dessus des arches du pont à demi détruit. La passerelle métallique entre les arches, à gauche, qui conduit à un jardin public, existe toujours. Pour peindre la maison du *Bord de la Marne* (fig. 41), le peintre s'est installé un peu plus au sud, à quelques minutes à pied de la gare de Saint-Maur, sur l'île Jambon, à présent reliée à la rive. Tournant le dos au pont de Créteil, il pose son chevalet en face d'une maison située à la pointe sud de l'île Machefer, peut-être fréquentée par les canotiers.

Devant ces deux paysages, on ne peut s'empêcher d'évoquer *Le Pont de Maincy* (fig. 23), réalisé quinze ans plus tôt : même omniprésence de l'élément aquatique et de la végétation qui semble étouffer les constructions ; nulle présence humaine, nul élément anecdotique. Mais, à présent, Cézanne s'attache à décrire le reflet parfaitement symétrique des frondaisons et des bâtisses sur l'eau, immobile comme un miroir, stable et éternelle comme sa peinture. ■

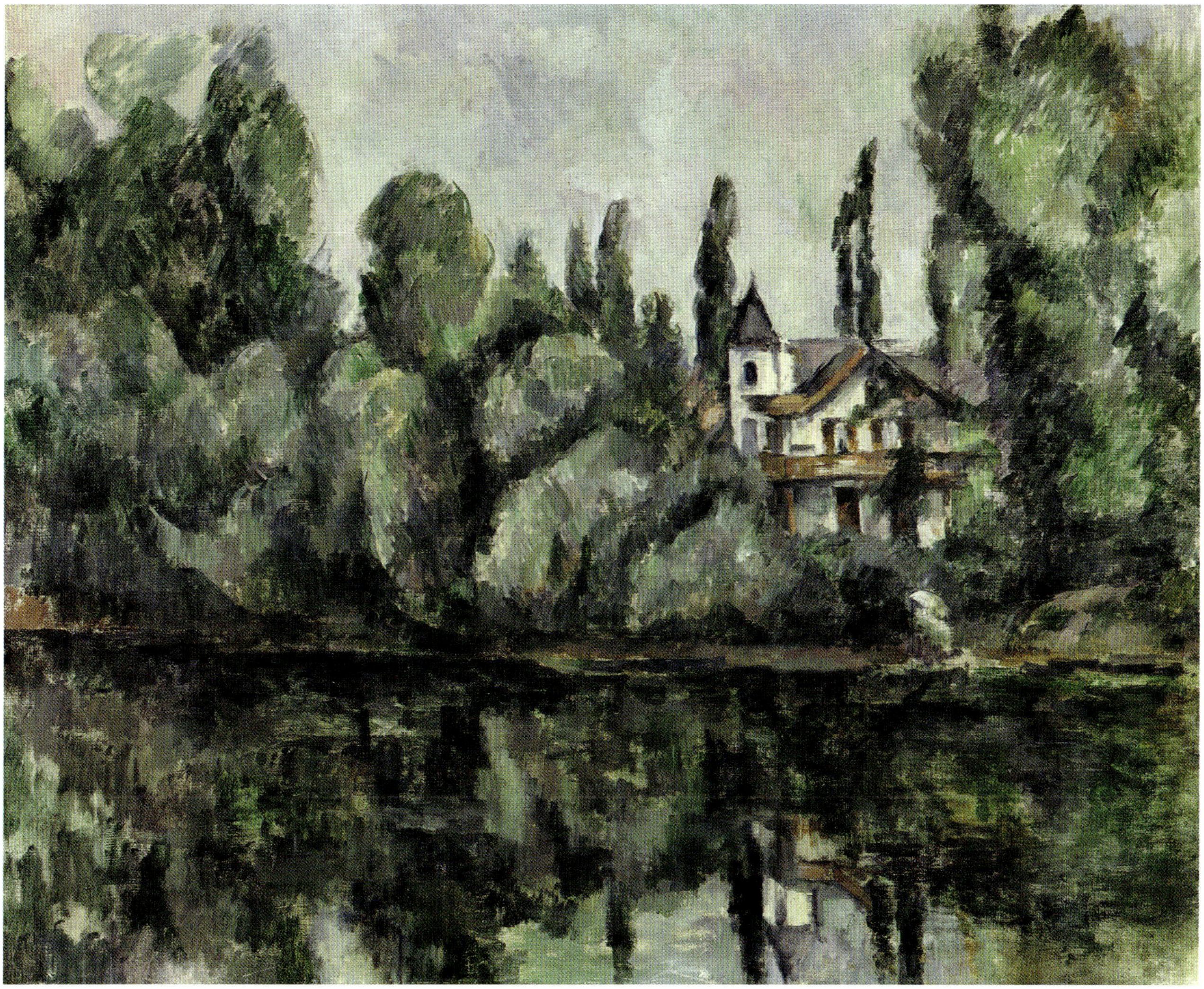

Fig. 40
Le Moulin brûlé de Charentonneau I
(L'Aqueduc et l'écluse)
Vers 1894
Huile sur toile
73 × 92 cm
Collection particulière
NR 765

Fig. 41
Bord de la Marne, I
(Sur l'île Machefer à Saint-Maur-des-Fossés)
Vers 1894 ? (Rewald : 1888-1890)
Huile sur toile
65 × 81 cm
Saint-Pétersbourg, musée de l'Ermitage
NR 623

CHRONOLOGIE

19 janvier 1839 : naissance de Paul Cézanne à Aix-en-Provence.
Son père, Louis Auguste, est chapelier. Il ouvrira en 1848 la banque Cézanne et Cabassol.
Études au collège Bourbon à Aix-en-Provence avec Émile Zola.
Avril – septembre 1861 : premier séjour de Cézanne à Paris où il rejoint Émile Zola.
Il travaille d'après le modèle vivant à l'atelier Suisse et fait la connaissance de Guillemet, d'Oller, de Pissarro et de Guillaumin.
Septembre 1861 : Aix-en-Provence
Cézanne est employé à la banque paternelle.
Novembre 1862 : Paris
Retour à Paris auprès de Zola. Il fait la connaissance de Bazille et de Renoir.
15 mai 1863 : ouverture du Salon des refusés où *Le Déjeuner sur l'herbe* de Manet fait scandale. Cézanne y expose.
Novembre 1863 : mort de Delacroix.
Juillet 1864 : Aix-en-Provence
Mars 1865 : Paris
L'envoi de Cézanne au Salon est refusé.
Automne 1865 : Aix-en-Provence
Février 1866 : Paris
Avril 1866 : son envoi au Salon est refusé *(Portrait de Valabrègue, Le Pain et les œufs).*
Visite à Manet, autre refusé du Salon.
Avril – mai 1866 : Zola publie une série d'articles dans *L'Événement* prenant la défense des Refusés.
Mai-août 1866 : séjour à Bennecourt, en face de Bonnières, où Zola passe l'été.
Septembre 1866 – fin 1866 : Aix-en-Provence
Février – juin 1867 : Paris
1er avril 1867 : ouverture de l'Exposition universelle.
Deux toiles de Cézanne sont refusées au Salon : *Le Grog au vin* et *Ivresse*.
Juin 1867 : retour à Aix
Janvier 1868 – 16 mai 1868 : Paris
Son envoi au Salon est refusé.
Mai 1868 : Aix-en-Provence
Mi-décembre 1868 : Paris
Rencontre d'Hortense Fiquet, sa future compagne, qui a 18 ans.
Avril 1869 : Aix-en-Provence
Été – automne 1869 : Île-de-France
Séjours probables à Bennecourt et Gloton auprès de Zola.
Septembre 1869 : Provence
Cézanne est à l'Estaque avec Hortense Fiquet. De l'Estaque, il se rend régulièrement à Aix.
Mars 1870 : Paris
Ses envois au Salon *(Portrait d'Emperaire* et *Femme nue allongée)* sont encore refusés. Cézanne supporte mal ce dernier échec et s'isole.
31 mai 1870 : Zola épouse Alexandrine Meley, Cézanne est son témoin.
19 juillet 1870 : déclaration de guerre de la France à la Prusse.
Septembre 1870 – juillet 1871 : Provence
Cézanne est entre Aix-en-Provence et l'Estaque avec Hortense Fiquet.
Il y reste durant la guerre et la Commune.
Juillet 1871 : Paris
Manet est à Paris, Renoir y est revenu, Monet rejoint Argenteuil.
Pissarro revient à Louveciennes.
Décembre 1871 : Cézanne s'installe rue Jussieu près de la Halle aux vins.
4 janvier 1872 : naissance de son fils, prénommé Paul.
Août 1872 : Cézanne rejoint Pissarro près de Pontoise, avant de s'installer à Auvers, non loin du docteur Gachet. Peinture en plein air aux côtés de Pissarro et Guillaumin : début de sa période dite « impressionniste ».
Début 1874 : retour à Paris.
15 avril – 15 mai 1874 : première exposition impressionniste chez Nadar : Cézanne présente trois tableaux, *La Maison du pendu, Une moderne Olympia, Paysage d'Auvers*, moqués par les critiques (article de Leroy dans *Le Charivari*).
Fin mai – septembre 1874 : Aix-en-Provence
Septembre 1874 : Paris
Le père Tanguy devient son premier marchand.
1875 : à Paris, avec un séjour à Pontoise au cours de l'été, Cézanne fait la connaissance de Victor Chocquet qui devient son principal collectionneur et son ami.
Décembre 1875 – janvier 1876 : voyage éclair à Aix-en-Provence.
Février – avril 1876 : Paris
Cézanne et Choquet rendent visite à Monet à Argenteuil.
Avril – août 1876 : Aix-en-Provence et l'Estaque
Cézanne ne participe pas à la seconde exposition impressionniste.
Fin août 1876 : retour à Paris. *Portrait de Chocquet.*
2-30 avril 1877 : Cézanne expose seize œuvres à la troisième exposition impressionniste. Il travaille dans le parc d'Issy-les-Moulineaux, près de Guillaumin, à Pontoise, chez Pissarro, et à Auvers.
Mars 1878 – mars 1879 : Cézanne séjourne dans le Midi, surtout à l'Estaque.
Mars 1879 : retour à Paris, rue de l'Ouest.
Avril 1879 – avril 1880 : Cézanne s'installe à Melun et y passe l'hiver, malgré le froid.
Début de la période dite « constructive ».
Avril 1880 : Paris.
Juin 1880 : publication par Zola d'une série d'articles dans *Le Voltaire* : « Le naturalisme au Salon ».
Août 1880 : séjour chez Zola à Médan. Cézanne y fait la connaissance de Huysmans.
Février 1881 : Cézanne assiste au mariage de sa sœur à Aix-en-Provence.
Mai – octobre 1881 : Pontoise
Automne – hiver 1881-1882 : Aix-en-Provence
Renoir lui rend visite à l'Estaque.
Mars 1882 : Paris, Pontoise, et Médan
Mai 1882 : une œuvre de Cézanne est admise au Salon *(Portrait de M.L.A...)* grâce à Guillemet.
Octobre 1882 : Aix-en-Provence
Juin – juillet 1885 : bref séjour en Île-de-France chez Renoir à la Roche-Guyon et chez Zola à Médan auprès duquel il cherche réconfort à la suite d'une aventure sentimentale.
Août 1885 : Gardanne
Mars 1886 : parution du roman de Zola *L'Œuvre.*
28 avril 1886 : mariage de Cézanne et Hortense Fiquet à Aix-en-Provence.
23 octobre 1886 : mort de son père, Louis Auguste Cézanne.
Été 1888 : séjour à Chantilly.
Décembre 1888 : installation quai d'Anjou à Paris.
Juin 1889 : séjour à Hattenville chez Chocquet et retour à Paris.
Juillet 1889 : *La Maison du pendu* est présentée à l'Exposition universelle.
Monet lance une souscription pour acheter l'*Olympia* de Manet et l'offrir au Louvre.
Juin – novembre 1890 : Cézanne accompagne femme et enfant dans le Doubs et en Suisse, mais n'apprécie pas ce périple. Il commence à souffrir du diabète.
Novembre 1890 : Cézanne revient à Aix, et sa femme s'installe à Paris.
Renoir rend visite à Cézanne.
7 avril 1891 : mort de Victor Chocquet.
Septembre 1891 : Paris
1892 : Cézanne séjourne à Avon et loue un atelier à Fontainebleau.
Septembre 1892 : séjour à Bourron-Marlotte.
6 février 1894 : mort du père Tanguy.
21 février 1894 : mort de Gustave Caillebotte qui lègue à l'État sa collection de tableaux impressionnistes. Début de l'« affaire Caillebotte ».
Mars 1894 : Cézanne est à Alfort (Maison-Alfort).

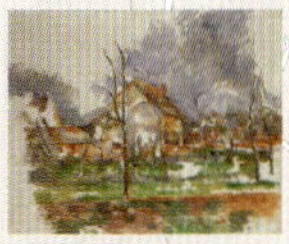

Fig. 39
Paysage d'hiver (Giverny)
1894

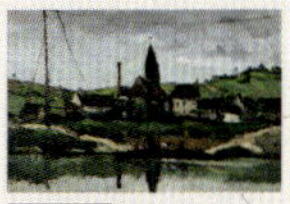

Fig. 3
Le Bac à Bonnières
Été 1866

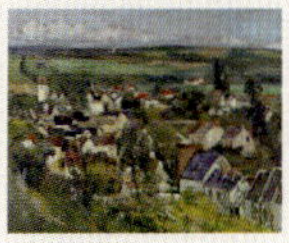

Fig. 21
Vue panoramique d'Auvers-sur-Oise
1873-1874

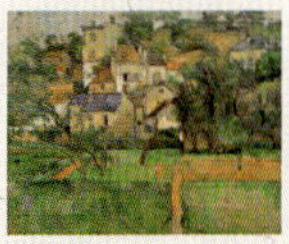

Fig. 22
L'Ermitage à Pontoise
1881

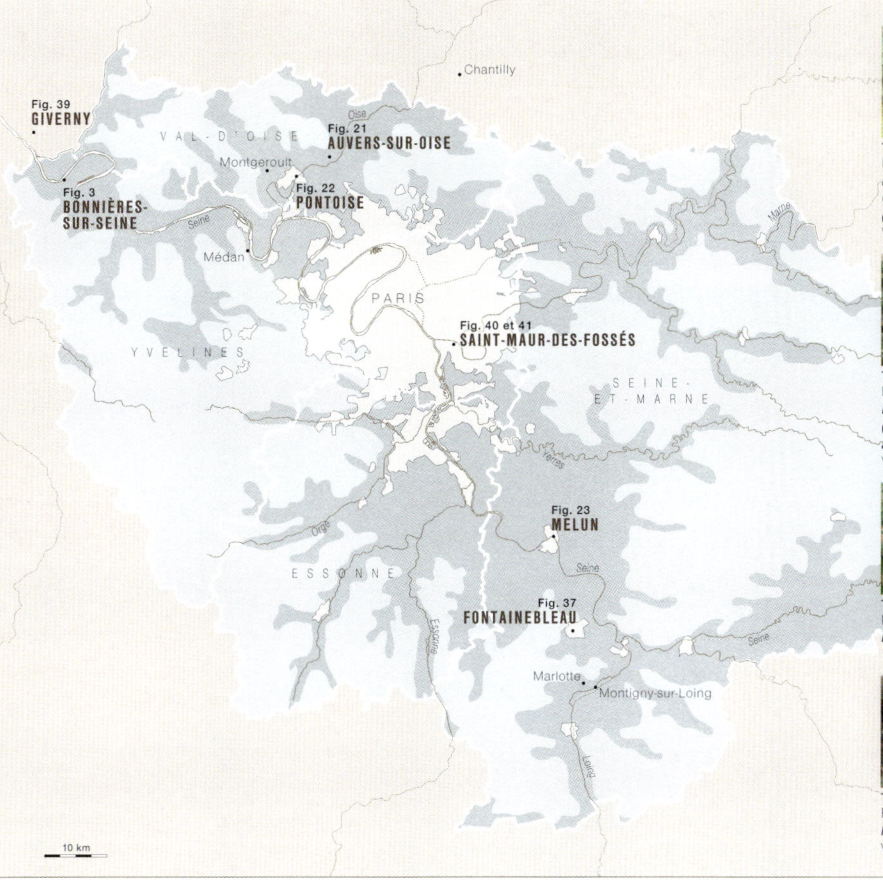

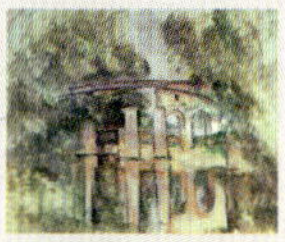

Fig. 40
Le Moulin brûlé de Charentonneau I (L'Aqueduc et l'écluse)
Vers 1894

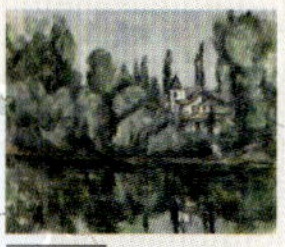

Fig. 41
Bord de la Marne, I (Sur l'île Machefer à Saint-Maur-des-Fossés)
Vers 1894 ?

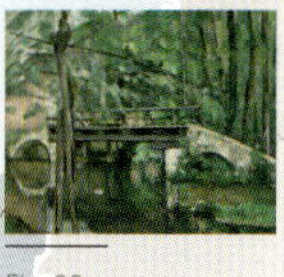

Fig. 23
Le Pont de Maincy
1879-1880

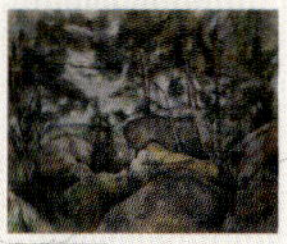

Fig. 37
Rochers à Fontainebleau
Vers 1893

25 mars 1894 : Gustave Geffroy publie le premier article favorable consacré exclusivement à Cézanne.
Fin de l'été 1894 : Paris
7-30 septembre 1894 : séjour à Giverny. Rencontre avec Mary Cassatt.
28 novembre 1894 : Monet organise une réception en son honneur à Giverny en présence de Clémenceau, Rodin, Geoffroy.
5 janvier 1895 : destitution du capitaine Dreyfus. Cézanne se range dans le camp des anti-dreyfusards.
Février – mars 1895 : Provence
Cézanne peint dans la campagne aixoise avec Renoir.
Avril – juin 1895 : Cézanne est à Paris, où il travaille au *Portrait de Geoffroy*. Il visite l'exposition des *Cathédrales* de Monet chez Durand-Ruel.
Fin juin 1895 : départ pour Aix.
Novembre 1895 : Ambroise Vollard organise la première exposition personnelle de Cézanne dans sa galerie de la rue Lafitte.
Début 1896 : Vollard rend visite à Cézanne à Aix-en-Provence.
Juin – juillet 1896 : voyage à Vichy et au bord du lac d'Annecy avec Hortense.
Août 1896 : bref passage à Aix.
Fin août 1896 – octobre 1896 : Paris
Octobre – novembre 1896 : Aix-en-Provence
Décembre 1896 – juin 1897 : Paris
Février 1897 : parmi les tableaux du legs Caillebotte qui entrent au musée du Luxembourg, deux paysages de Cézanne.
Mai 1897 : Cézanne travaille à Mennecy près de Corbeil.
Juin 1897 : Aix-en-Provence
Cézanne est au chevet de sa mère malade qui meurt à Aix le 25 octobre 1897.
13 janvier 1898 : publication de « J'accuse » de Zola dans *L'Aurore*.
Janvier 1898 : Paris
Cézanne peint le *Portrait d'Ambroise Vollard* (fig. 35).
9 mai – 10 juin 1898 : nouvelle exposition à la galerie Vollard.
Début de l'été 1898 : Cézanne vit à Fontainebleau et travaille à Marlotte et Montigny-sur-Loing.
Une partie de l'été 1898 : il peint des paysages à Marines et Montgeroult.
Premier semestre 1899 : Cézanne passe plusieurs mois à Paris et réalise le portrait de Vollard.
Août 1899 : il séjourne à Marlotte où il réalise le portrait d'Alfred Hauge.
Septembre 1899 : Aix-en-Provence
Cézanne retourne à Aix pour la vente du Jas de Bouffan. Il ne reviendra plus dans la capitale mais quittera encore Aix pour deux brefs séjours à Fontainebleau.
Décembre 1899 : nouvelle exposition Cézanne chez Vollard.
Avril 1901 : l'*Hommage à Cézanne* de Maurice Denis est exposé au salon de la Société nationale des beaux-arts.
Novembre 1901 : début de la construction de l'atelier des Lauves.
29 septembre 1902 : mort de Zola.
Février – mars 1904 : Émile Bernard rend visite à Cézanne.
Il le photographie dans l'atelier des Lauves devant les *Grandes Baigneuses*.
Été 1904 : Fontainebleau, séjour auprès de son fils.
Septembre 1904 : retour à Aix
Octobre 1904 : seconde édition du Salon d'automne au Grand Palais avec une salle Cézanne.
Été 1905 : dernier séjour à Fontainebleau.
Automne 1905 : retour à Aix
Fin janvier 1906 : il reçoit la visite de Maurice Denis et de Ker Xavier Roussel.
Nuit du 22 au 23 octobre 1906 : mort de Cézanne à Aix-en-Provence.

Directeur des Éditions
Henri Bovet
Chef du département Livre
Marie-Dominique de Teneuille
Responsable d'édition
Sophie Zagradsky
Direction artistique
Caroline Chambeau
Mise en pages
Frédéric Célestin
Correction
Monique Laniesse
Recherche iconographique
Consuelo Crulci, Élise Vanhaecke
Agence photographique RMN – Grand Palais
Frédérique Kartouby
Cartographie
Thierry Renard
Responsable de fabrication
Hugues Charreyron
Photogravure
Planète Couleurs, Paris

Bibliographie sélective

Cahn Isabelle, *Ambroise Vollard. Un marchand d'art et ses trésors*, Paris, Découvertes Gallimard / Réunion des musées nationaux, 2007.

Cézanne, cat. exp. sous la dir. de Françoise Cachin et Joseph J. Rishel [Paris, Galeries nationales du Grand Palais, 25 septembre 1995-7 janvier 1996 ; Londres, Tate Gallery, 8 février-28 avril 1996 ; Philadelphie, Philadelphia Museum of Art, 26 mai-18 août 1996], Paris, Réunion des musées nationaux, 1995.

Cézanne et Pissarro 1865-1885, cat. exp., sous la dir. de Sylvie Patin et Joachim Pissarro [New York, The museum of Modern Art, 26 juin-12 septembre 2005 ; Los Angeles, Los Angeles County Museum of Art, 20 octobre 2005-16 janvier 2006 ; Paris, musée d'Orsay, 27 février-28 mai 2006], Paris, Réunion des musées nationaux, 2006.

Chappuis Adrien, *The Drawings of Paul Cézanne. A Catalogue Raisonné*, Greenwich, Connecticut, New York Graphic Society, 1973 et Londres, Thames & Hudson, 1973.

Cherpin Jean (sous la dir. de), *Cézanne. L'œuvre gravé*, cat. exp. Aix-en-Provence 1972, préface de Michel Melot, Marseille, Arts et livres en Provence, 1972.

Coutagne Denis, *Cézanne en vérités*, Arles, Actes Sud, 2006.

Hoog Michel, *Cézanne « Puissant et solitaire »*, Paris, Découvertes Gallimard / Réunion des musées nationaux, 2006.

Rewald John, *Cézanne. A biography*, New York, Harry N. Abrams, 1986.

Rewald John, *Histoire de l'impressionnisme*, nouvelle édition revue et augmentée, Paris, Albin Michel, 1986.

Rewald John, en collab. avec Walter Feichenfeldt et Jayne Warman, *The Paintings of Paul Cézanne : a catalogue raisonné*, New York, Harry N. Abrams, 1996.

Vollard Ambroise, *En écoutant Cézanne, Degas, Renoir*, Paris, Grasset, 1938, rééd. 2008.

Zola Émile, *L'Œuvre*, édition établie et annotée par Henri Mitterand, Paris, Gallimard, 2006.

Cet ouvrage a été achevé d'imprimer en septembre 2011
sur les presses de l'imprimerie Aubin, à Ligugé, France.

ISBN : 978-2-7118-5876-7
EA 40 5876